Gaby Seyfert

Auf Wolke eins ist immer Platz.

Single sucht Single

 Das Neue Berlin

ISBN 3-360-00935-5

© 2000 Das Neue Berlin Verlagsgesellschaft mbH
Rosa-Luxemburg-Str. 39, 10178 Berlin
Umschlagentwurf: Sheila Seyfert
Druck und Bindung: Ebner Ulm

»Adieu«, sagte der Fuchs. »Hier mein Geheim-
nis. Es ist ganz einfach: man sieht nur mit dem
Herzen gut. Das Wesentliche ist für die Augen
unsichtbar.« ...
»Die Menschen haben diese Wahrheit vergessen«,
sagte der Fuchs.
»Aber du darfst sie nicht vergessen. Du bist
zeitlebens für das verantwortlich, was du dir
vertraut gemacht hast.«

Antoine de Saint-Exupéry

Sie haben Grenzen aufgebrochen, ihre Freiheit
erkämpft, die Individualität angestrebt und
erlangt – eine Generation, die damit leben muss
und will.
Und doch, der Mensch ein Wesen, das ohne
Liebe, Sicherheit, Vertrauen, Beständigkeit
nicht glücklich leben kann.
Eine Generation also, frei von allem, nur nicht
von sich selbst.

Sheila Seyfert

Mutterseelenallein

Telefon aus New York, ein fröhlicher Tagesbericht von meinem Kind: Nachher wird Sheila mit ihren neuen Kolleginnen zum Rollerbladen den Central Park ansteuern. Offenbar ist sie unkompliziert in die bunte Volontärinnen-Schar der angesehenen Werbeagentur in der Park Avenue aufgenommen worden. Die Mädchen kommen wirklich aus aller Welt, eine Norwegerin, eine Australierin, ich glaube, eine Pariserin ist auch dabei, und mittendrin meine Sheila. Arbeiten und leben im Herzen von New York: Tagsüber produzieren sie Public-Relations-Ideen, anschließend rollen sie in der pulsierenden Wolkenkratzer-Stadt durch den schönen klaren Maiabend. Ist das nicht toll für die jungen Leute?! Ich sollte mich freuen.

Aber ich habe einen Kloß im Hals. Sheila am anderen Ende der Welt, und was mache ich mit diesem herrlichen Frühling?

Meine Maiabende in Berlin-Karow sahen eher prosaisch aus: Wie immer musste das Nötige für den Haushalt erledigt werden, Rasenmähen war ange-

sagt. Das Erdbeerbeet wäre auch zum Jäten dran ...
Alleinsein also. Okay, das habe ich von vornherein
gewusst. Es war klar, dass sich meine Tochter, nachdem sie im März 1999 ihr Studium als Visuelle
Kommunikationsdesignerin erfolgreich beendet
hatte, ein Auslandspraktikum suchen würde. Ein
Freund aus Berlin, der bereits seit einiger Zeit in
New York lebt, bot Sheila an, sich mit ihm ein klitzekleines Quartier in Brooklyn zu teilen. Die Mieten sind in New York so wahnsinnig hoch, dass man
sich dort allein keine Wohnung leisten kann.
Brooklyn soll sehr schön sein, nicht zu vergleichen
mit den Wolkenkratzer-Skylines von Manhattan,
die man so von New York kennt. Brooklyn habe
viele Parks, kleine Häuser mit zwei, drei Etagen,
sagte man uns. Eigentlich sei es dort sehr englisch.
Sheila nahm das Wohnungsangebot an. New York,
das Mekka der Werbebranche schlechthin, sie wird
garantiert davon profitieren. Also her mit dem
Flugplan, ich werde meinen Sommerurlaub in New
York verbringen und Sheila nah sein.

Mein Kind ist nun endgültig flügge geworden.
Das Nest ist leer. Alle Eltern müssen irgendwann
ihre Kinder los und ziehen lassen. Spätestens seit
dem Moment, da wir das Flugticket abholten, dachte ich ernsthaft darüber nach, dass ich demnächst
und womöglich für länger ganz allein blieb. Wenn
ich nach Hause käme, würde mich nur noch Katze
Funny begrüßen. (Falls die nicht irgendwo Besseres zu tun hatte.) Ich schmuse gern mit Funny. Sie

lässt meine Streicheleinheiten mit großer Geduld über sich ergehen. Trotzdem. Selbst wenn immer noch ein paar von Sheilas Cremetiegeln im Bad herumliegen und unser Schuhschrank wie eh und je überquillt: Es steht in den Sternen, wo sie nach ihrem Praktikum einen Job finden und ob sie jemals wieder hier bei mir in Berlin-Karow zu Hause sein wird. Sie weiß es nicht. Ich werde es nehmen müssen, wie es kommt.

Sicherlich hatte ich auch schon früher daran gedacht, dass es an der Zeit wäre, einen neuen Partner zum und vielleicht fürs Leben zu finden. Ein gestandenes Mannsbild, jemand, der aktiv ist, noch etwas will vom Leben. Einer, der mir abends vom Streiten, vom Gewinnen und Verlieren in der Firma erzählt. Und trotzdem nicht zu müde ist, mit auf irgendeine Berliner Bummelmeile zu ziehen. Einer, der weiß, wie man eine wildgewordene Zentralheizungs-Steuerung zur Räson bringt und sich trotzdem mir gegenüber nicht wie der Haushandwerker, sondern wie ein aufmerksamer, zärtlicher Freund aufführt. Sicher, er darf ein paar Macken haben, wer hat die nicht. Ich suche also ein, besser gesagt mein gestandenes Mannsbild.

Woher nehmen? Durch meinen Beruf als Außendienstmitarbeiter habe ich täglich die verschiedensten Kontakte mit männlichen Wesen, diversen Managern, Direktoren, Geschäftsführern. Der eine oder andere gefällt mir da schon. Aber solche Ter-

9

mine laufen tagaus, tagein rein auf der geschäftlichen Ebene ab. Und wenn man doch einmal über Privates plaudert, dann muss ich meistens feststellen, dass diese Männer ohnehin gebunden sind. Also nehme ich mich zurück. Ich scheue mich davor, eventuell in eine glückliche Familie hineinzuplatzen, eine Ehe kaputt zu machen. Ich glaube, das ist ein zu hoher Preis.

Manchmal werden mir auch unverhofft Anträge gemacht. Neulich rief ein Herr Karl-Heinz aus Jena an, erzählte mir, ganz ungeschickt und sich in seinen Sätzen verheddernd, dass er mir schon als Junge am Fernseher hinterhergeträumt habe. Jetzt lese er viel über mich in den verschiedensten Zeitungen und wisse also, dass ich nicht gebunden sei. Der Mann aus Jena wollte mich unbedingt kennen lernen und gab mir seine Koordinaten durch: 40 Jahre alt, 1,80 Meter groß, Nichtraucher, Nichttrinker. Ich versuchte mich in freundlicher Zurückhaltung. Gut, versprach er, er werde mir schreiben. Ein paar Tage später fand ich tatsächlich einen Brief aus Jena im Kasten. Zuerst fiel mein Blick auf ein Foto des Mannes mit seinem Schäferhund. Sofort dachte ich an meine Funny: Hund und Katz! Der hölzern formulierte Brieftext sagte wenig. Zwischen den Zeilen konnte ich mir zusammenreimen, dass sich da ein ziemlich hoffnungsloser, von der Liebe enttäuschter Mann sein Traumbild zusammengepuzzelt hatte. Und ich sollte es ihm, bitte-

schön, in liebevolle Realität verwandeln. Nachzu-
vollziehen war das für mich durchaus. Aber jener
Mann aus Jena und ich, das ging einfach nicht. Es
ist manchmal ziemlich schwierig, einem Menschen
mitzuteilen, dass man keinen Kontakt mit ihm
möchte. Nein zu sagen, ohne zu kränken. Trotzdem bekomme ich gern Fan-Post, selbst wenn sie
mich, wie in diesem Fall, ein wenig in Verlegenheit
bringt. Fans heute, das sind die Zinsen eines Kapitals, das ich mir als junges Mädchen hart erarbeitet
habe. Ich möchte keinen meiner Fans kränken, das
wäre ja nun das Allerletzte.

Bislang ängstigte mich mein Single-Dasein kaum.
Auch nicht die Zeitungsberichte darüber, dass es
hier zu Lande immer mehr Menschen gibt, die
allein zurechtkommen wollen oder müssen. Wobei
die entsprechenden Statistiken schon nachdenklich
machen können: 1970 lebte in einem Viertel aller
bundesdeutschen Haushalte jemand allein, heute
gibt es bereits 36 Prozent Ein-Personen-Haushal-
te. 13 Millionen Singles sollen derzeit in der Bundesrepublik leben. Ihre Zahl steigt so rasch an wie
die der Scheidungen. Und die Trennungen derje-
nigen ohne Trauschein nennt keine Statistik. Eine
Scheidung, eine Trennung kann Befreiung sein
oder Verlassenwerden. Anschließend hat man den
Kopf frei für sich und die Welt. Oder aber das Herz
voller Trauer, Sehnsucht und Angst vorm Alleinsein. Es sind so viele unterschiedliche Gründe dafür

vorstellbar, warum jemand Single ist, vielleicht sogar bleiben will. Um die düsteren Soziologen-Prognosen darüber, dass die Menschen heutzutage zunehmend beziehungsunfähiger würden, kümmerte ich mich nicht. Schließlich fehlte es mir keineswegs an Familie, Freunden, Bekannten, Nachbarn ... Natürlich, da waren schon meine Wünsche im Hinterkopf, aber nur sehr gelegentlich erlaubte ich mir richtige Sehnsucht. Schon deswegen, weil es in meinem Alltag meist viel zu tun gibt, im Job, mit dem Haus, mit Öffentlichkeits-Verpflichtungen. Vor allem war eben bislang meine Sheila da. Und jetzt ruft mich mein Kind aus New York an! Ich verstehe auf einmal ziemlich genau, was das heißt: mutterseelenallein.

Doch wer mich kennt, weiß, dass es nicht meine Art ist, mich zu verkriechen. Also los jetzt, Gabriele: Das ist der Punkt. Du musst versuchen, einen anderen Weg zu gehen.

Der erste Schritt auf diesem anderen Weg bestand ganz einfach darin, dass ich zusammen mit einer jüngeren Kollegin eines schönen Frühlingstages beschloss: wir packen das jetzt gemeinsam an, denn ›gemeinsam ist man stark‹. Meine Kollegin verfolgte gerade in irgendeiner Zeitung eine Artikel-Serie, bei der jeden Tag berühmte Berliner Singles vorgestellt wurden, samt ihrer Vorlieben und der Restaurants oder Sportclubs, in denen man sie treffen könnte. Da hatten wir nun die Auswahl. Nachdem wir die entsprechenden Restaurant-Tipps über ein paar Zeitungsausgaben hinweg miteinander verglichen hatten, zeigte sich, dass offenbar das »Joe Beau Lais« im Grunewald ein beliebter Treffpunkt singelnder Damen und Herren war, dazu geeignet, ohne große Komplikationen Kontakte zu knüpfen. Na, das wollten wir uns doch einmal näher ansehen.

Das vielgepriesene Restaurant »Joe Beau Lais« ist ein ziemlich teurer Laden. Wir suchten uns dort einen Tisch, gönnten uns ein gutes Essen und harrten einen Samstagabend lang der Dinge, die da kommen sollten. Man bekam rasch das Gefühl, im »Joe Beau Lais« kannte jeder jeden. Alle begrüßten sich, teilweise mit Vornamen, Küsschen hier, Winken dort. Wir gehörten nicht dazu. Nach gewisser Zeit machten sich allerdings am Nachbartisch zwei Herren bemerkbar. Den einen kannte ich flüchtig von einem geschäftlichen Kontakt. Er saß, wie sich dann herausstellte mit seinem Chef, beim Abendessen und machte ihn auf uns aufmerksam. Dieser Chef wiederum fühlte sich zu meiner Kollegin hingezogen. Wir haben die beiden an diesem Abend nicht mehr von der Seite bekommen, zogen zuerst in irgendeinen Club, in den wir nicht reinkamen, weil dort nur ›Mitgliedern‹ Eintritt gewährt wurde, dann noch in die Lützow-Bar. Und: Meine Kollegin hatte ihr Date. Jedenfalls tauschte sie mit dem Herrn die Telefonnummern aus.

Der Erfolg dieses Abends bestand darin, dass meine Kollegin fortan mehrere Male täglich von ihrem neuen Verehrer angerufen wurde und ihn fast nicht mehr losbekam.

Allerdings fand sie bald heraus, dass dieser Mann nicht so das Richtige für ihre Lebensplanung war. Das Schicksal oder der Zufall hatten eben nicht mitgespielt.

Fazit: Die spontane Idee, irgendwohin schick auszugehen, das war es nicht. Das heißt: Natürlich, wenn man viel, viel Zeit investierte, jeden Abend in die ›angesagten‹ Restaurants ging, sich ständig dort sehen ließ, wo gerade etwas los war, mochte es letztendlich funktionieren. Aber dafür fehlten mir nun wirklich Lust und Zeit. Es musste auch noch einen anderen Weg geben.

Der andere Weg bestand darin, dass ich mir Mitte Juni tatsächlich zum ersten Mal in meinem Leben überhaupt Partner-Annoncen in Tageszeitungen anschaute. Irgendwie erschien mir die Vorstellung, auf so einen anonymen Text zu antworten, sehr befremdlich. Andererseits hatte mich die eine oder andere knappe Bemerkung in Gesprächen über das ewige Themenkarussell von Liebe, Beziehungen, Trennungen dazu ermuntert. Und ich kannte Eckys Geschichte: Ecky, der Grafiker, der seit unseren berühmten Ski-Urlauben im tschechischen Rokytnice mein bester Freund ist, lebt nun mittlerweile schon über zehn Jahre lang mit seiner Frau Barbara zusammen. Die fand er damals auch über eine Annonce. Der authentische Beweis dafür, dass einem solche Geschichten wirklich passieren können, dass jemand tatsächlich über eine Zeitung sein Glück findet. Ecky war mein Kronzeuge.

Also los!

Wir bekommen die gängigen Tageszeitungen ins Büro geliefert, die *Morgenpost,* die *Berliner Zeitung,* und so blätterte ich fortan nicht mehr nur in den Wirtschaftsseiten. Systematisch ging ich die verschiedenen Partner-Rubriken durch und fand, dass es eine Unmenge origineller, lebens- und liebeslustiger Singles in dieser Stadt geben müsse. – Die Statistiker behaupten ja, dass es in keiner anderen deutschen Stadt mehr Alleinstehende leben als in Berlin. – Ich fand in diesen Partner-Rubriken allerdings auch, dass unter den Suchanzeigen oft die gleichen Telefonnummern abgedruckt waren. Vermutlich steckten Agenturen dahinter. Häufig tauchten am Ende längerer, also vermutlich ziemlich teurer Anzeigentexte kurze Codeworte plus Telefonnummer auf. Andere, meist kürzere Annoncen, erschienen mit einer Chiffre-Nummer. Aber davon gab es weniger. Zu vermuten war, dass die privat aufgegeben worden waren. Aber natürlich konnte auch hier eine Agentur dahinterstecken. Na, mal sehen.

Die mich ansprechenden Angebote schnitt ich aus und klebte sie mir, nach Agenturen oder Codeworten geordnet, auf ein Blatt. Wenn ich so etwas mache, dann mache ich es auch systematisch.

An den folgenden Tagen habe ich viel telefoniert. Zum Beispiel wollte ich diesen Steuerberater kennen lernen:

Selbständiger Steuerberater, geschieden, 46, 1,81, sympathisch, mit Familiensinn, der versteht, einen daran zu erinnern, dass das Leben schön ist, Beruf und Erfolg bedeuten ihm nicht alles. Er hält sich viel in der Natur auf, reitet, segelt, läuft Ski, spielt Tennis, ist kulturell interessiert. Er möchte mit einer liebevollen Frau eine Partnerschaft aufbauen, in der Liebe, Treue und Ehrlichkeit die Basis sein sollten.

Stimmte alles, Ski lief ich, Tennis spielte ich auch, hatte zur Zeit dafür keinen ständigen Partner. Reiten konnte ich, in der Natur hielt ich mich gern auf, also, es würde alles ganz gut passen. Aber: Wie komme ich an diesen Mann ran?

Wie sich zeigen sollte, über die Agentur Berthel-Partnerservice. Eine freundliche Stimme, Frau Jupiter, erklärte mir, wir müssten unbedingt ein Treffen ausmachen. »Sie kommen in unsere Agentur, wir haben hier viele, viele Herren, die ich Ihnen vermitteln kann. Wir werden dann weitersehen, ob sie zu Ihnen passen.«

»Und wie ist es mit dem Geld, das wird doch bestimmt etwas kosten?«

»Darüber sprechen wir, wenn wir uns sehen.«

Gesagt, getan. Am übernächsten Nachmittag hatte ich noch eine Leerstelle im Kalender, es war der 21. Juni 1999.

Die Agentur Berthel liegt in einer Nebenstraße des Kurfürstendamms, teures Pflaster also. Eine junge, freundliche Person bat mich herein und erbot sich auch gleich, in ihren Unterlagen nachzuschauen, um mein Lebensglück zu finden. Sie hatte dicke Ordner voller Daten und Fotos. Allerdings begann es mit einer Absage für mich: Jener selbständige Steuerberater, den ich mir ausgeguckt hatte, der käme nicht in Frage. Er habe nämlich angegeben, nur eine jüngere Frau zu wollen ... Das ist schon mal Schiet. So was kann ich gar nicht leiden, dass ich mir von der Agentur-Dame vorschreiben lasse, mit wem ich dann letztendlich zusammengeführt werde. Nun, die Gute blätterte nach dieser Absage doppelt rührig weiter in ihren Ordnern: Der hier würde vielleicht passen, mit jenem könnte ich Kontakt aufnehmen, und mit dem hier ...

Nach zwanzig Minuten bemerkte sie, dass ich ihr irgendwie bekannt vorkäme. Ich sagte zurückhaltend, dass das schon sein könne. Dann fiel es ihr ein: Sie haben was mit Eiskunstlaufen zu tun. Also wurde ich in die Kategorie der Promis eingeordnet. Sie versicherte mir dann, dass natürlich die Promis in ganz bestimmte Safes gelegt würden und es auch viele Promis bei ihr gäbe, die kein Foto beilegten und die man erst mit bestimmter »Freigabe« von der Chefin bekommen könnte. Weiter ging es mit den interessanten Single-Fotos. Ich habe wirklich viele Kandidaten gefunden, die mir angenehm waren, vom Bild her zumindest. Einer interessierte mich besonders, ein Kinderarzt, 49 Jahre alt, der war sportlich, so ein burschikoser Typ, da hätte ich gleich gesagt, das wär's. Aber: irgendwann stand ja nun mal die Frage, wie funktioniert das hier, was muss ich bezahlen?

Nun präsentierte mir die bislang so entgegenkommende Dame mit charmantem Lächeln das Angebot des Hauses: sechstausend Mark für ein halbes, achttausend für ein ganzes Jahr. Mmm. Achttausend Mark für zwölf Monate war günstiger als sechstausend für sechs. Das sah ich sofort ein. Aber sechs- oder achttausend Mark zieht man nicht so einfach aus der Tasche. Ich fand das ein bisschen happig. Jetzt wurde ich in die Details eingeweiht: Hatte man aus den dicken Agentur-Ordnern jemanden gefunden, mit dem es zu funktionieren schien, und mochte vorerst nicht weiter vermittelt werden, konnte man für diese Zeit aussetzen. Die entsprechenden Wochen wurden großzügig auf den vereinbarten Zeitraum aufgeschlagen. Mehrere Male versicherte mir Frau Jupiter, dass ich beim Angebot ihres Hauses wirklich unheimlich gute Chancen hätte. Sicherlich, die Berthelschen Annoncen, die ich auf mein Blatt geklebt hatte, klangen allesamt vielversprechend. Zum Beispiel ein

Zahnarzt 48 Jahre, 1,80, eigene Praxis, möchte nicht nur seinen Patienten, sondern dieses Mal seinem eigenen Leben neue Facetten setzen, mit einer Partnerin ungelebte Seiten leben, Gemeinsames als Sicherheit, Unterschiedliches als Bereicherung empfinden.

Gefallen hatte mir auch:

Geschäftsführer einer großen Spedition, 54, 1,80, geschieden, ein interessanter Mann, der das Träumen noch nicht verlernt hat, möchte den Sommerurlaub wieder gemeinsam planen, verliebt durch Straßen bummeln, Nächte durchtanzen, Kulturelles und Kulinarisches genießen. Er sucht die Frau, die sein Herz berührt, die er glücklich machen kann.

Alles nicht schlecht. Aber wie kam ich an die Telefonnummer dieser Männer?

Ohne die Agentur lief da nichts. Nachdem wir wohl eine Stunde über den Ordnern und Fotos verbracht hatten, verabschiedete ich mich mit der zu nichts verpflichtenden Bemerkung, dass ich es mir in Ruhe überlegen wolle. Frau Jupiter gab mir noch einen Vordruck mit, den ich auszufüllen hätte: *Vorname, Stadtbezirk, Sternzeichen, Größe, Haarfarbe, Schulbildung, Nationalität,* das übliche. Dann folgten Fragen wie *Was sind ihre hervorstechenden Charaktereigenschaften?* Man sollte dann das Entsprechende auf dem Fragebogen ankreuzen, vorgegeben waren die Begriffe: *aktiv, nachgiebig, großzügig, anpassungsfähig, schüchtern, temperamentvoll, bedächtig, ehrgeizig, sparsam, passiv, tierlieb, ernst, lebhaft, tolerant, zärtlich, kinderlieb, treu.* Ein ganz schönes Durcheinander, fand ich: tierlieb vor kinderlieb ... Nächste Frage: *Was sind Ihre Hobbies und wo liegen Ihre Interessen? Ausgehen, Wandern, Reisen, Technik, Freunde besuchen, Garteninteresse, Wissenschaft, Architektur, Kino, Video, Handarbeit, Radfahren, Geschichte, Oper, Theater, Handwerken, Wirtschaft, Forschung, Politik, Kochen, Sport, Musik, Tanzen, Fotografie, Kunst.* Stand hinter einer solchen ungeordneten Aufzählungen nun ein ganz ausgeklügeltes Psycho-Modell nach dem Motto: Wer Freunde besucht, hat keine Zeit, seinen Garten zu pflegen. Oder: Politiker kochen gerne ... Oder hatte die Agenturchefin einfach nur das, was ihr gerade so in den Sinn kam, in den Computer getippt?

Ganz detailliert und – wie ich fand – ziemlich bürokratisch wurden auch die Angaben zum Partnerwunsch abgefragt: *Alter von/bis, Größe von/bis, Statur, Familienstand, Schulbildung, maximale Kinder, Konfession, Nationalität, Raucher, Nichtraucher, Kfz ja/nein, leichte Behinderungen ja/nein, Sternzeichen ...*

Sicher, sie werden ihre Erfahrungen haben in der Agentur. Details sind durchaus wichtig. Aber muss man nicht erst einmal den ganzen Menschen sehen, hören, sprechen, mit ihm lachen ... Man kann sich doch auch in einen Jüngeren oder Älteren, einen Kleineren oder Größeren verlieben. Das Rauchen kann man sich aus Liebe abgewöhnen und mit Hilfe des Geliebten seine Fahrprüfung bestehen. –

Jetzt kam der zweite Bogen: *Ist Ihnen Familienleben wichtig? Besteht bei Ihnen noch ein Kinderwunsch? Legen Sie eher Wert auf Ihren Beruf/Ihren privaten Bereich oder können Sie gut beides miteinander verbinden? Wie wichtig ist für Sie sexuelle Harmonie? Wie wichtig ist für Sie Zärtlichkeit? Wie schätzen Sie Ihre wirtschaftliche Situation ein? Was machen Ihre Eltern beruflich? Wie schätzen Sie Ihre Kindheit und Ihr Elternhaus ein? Sind Sie anderen Menschen gegenüber offen und tolerant? Was erwarten Sie von ihrem zukünftigen Partner? Was ist Ihnen das Wichtigste in einer Partnerschaft? Was mein zukünftiger Partner von mir wissen sollte ...*

Was für Fragen!!! Darauf ernsthaft zu antworten hieße, einen kompletten Roman schreiben.

Die junge Dame hatte sehr überzeugt erklärt, sie möchte immer die Leute zusammenbringen, die auch zusammenpassen. Mir erscheint es ziemlich blauäugig, zu denken, dass man mit ein paar Ja's oder Nein's einen Menschen kennen lernen könnte. Na gut. Sie hatte mir diesen Fragebogen freizügig mitgegeben und dazu gesagt, ich könne mich gerne bei der Berliner Verbraucherzentrale nach der Seriosität des Hauses erkundigen. Die Agentur Berthel sei dort als solides Unternehmen gelistet.

Weil sie mir das so rundheraus anbot, rief ich nicht an. Wahrscheinlich hatte es schon seine Richtigkeit. Und dann versicherte mir die eifrige Frau Jupiter nochmals, dass diese sechstausend Mark preislich sehr günstig wären. Es gäbe Partner-Vermittlungen, die berechneten 20 000 Mark.

Letztlich entschloß ich mich, überhaupt nicht die Dienste so einer Agentur in Anspruch zu nehmen. Einmal abgesehen vom Preis störte mich nämlich die Tatsache, dass die dortigen Mitarbeiter bestimmten, mit wem sie mich zusammenbringen wollten und mit wem nicht. Ich hatte das Gefühl, mich dort nicht frei entscheiden zu können.

CLUB DUE

Ich verbuchte den Nachmittag mit Frau Jupiter und ihren Aktenordnern als nützliche Erfahrung mit einer merkwürdigen Branche. Eigentlich sollte dort Menschen zu ihrem Glück verholfen werden. Aus der Nähe besehen erwies sich so eine Partnervermittlung als ziemlich bürokratische Institution. Einige Tage später nahm ich den nächsten Anlauf. Auf meinem zweiten Auswahl-Blatt klebten Anzeigen, die vor der Telefonnummer das Code-Wort »CLUB« trugen. Sie waren allesamt ziemlich ausführlich und klangen irgendwie vielversprechend:

Er ist ein Kavalier der alten Schule, ein Mann, der einer Frau noch Blumen schenkt. Seinen 60. Geburtstag hat er schon gefeiert, er zählt seitdem die Lebensjahre nicht mehr. Ein ganz temperamentvoller, aufgeschlossener Mensch mit Charme, Sexappeal und Eleganz. Er lebt und genießt sein großes Vermögen im Ruhestand, bewegt sich gern auf dem Wasser mit seiner Motoryacht. Er sucht eine Frau mit viel Gefühl, Herz und Verstand bis 55, gesund und munter.

Also diesen ›Kavalier alter Schule‹, den wollte ich doch kennen lernen, seinetwegen rief ich an. Eine Frauenstimme gab mir nur ganz allgemein Auskunft. Am besten wäre, ich käme bald einmal persönlich vorbei, so rede es sich doch besser.

Wieder wurde ein Termin verabredet, 17 Uhr war ich in der Fasanenstraße: Ein riesengroßes Bürogebäude, ein kleines Büro, 20 Quadratmeter groß, schwarze Couch, blauer Sessel, lila Kissen. Eine ältere, sehr sympathische Dame, nennen wir sie Frau Rosenthal, saß mir gegenüber und erklärte geduldig: »Wir sind keine Agentur, die vermittelt, wir sind ein Singleclub, der CLUB DUE. Sie müssen hier Mitglied werden. Wissen Sie, unsere Beiträge sind nicht gering. Aber dafür bieten wir Ihnen eine ganze Menge.«

Frau Rosenthal präsentierte mir das Veranstaltungsprogramm des CLUB DUE: Tanzabende, jeden Mittwoch Karaoke-Party in den Clubräumen, alle vierzehn Tage freitags Clubabend mit Musik bei zwangloser Unterhaltung, jeden Dienstag Kaffeetrinken und Tanz für die reifere Jugend (o Gott, bloß das nicht). Alle vierzehn Tage freitags Bingo-Abend und gemütliches Beisammensein (klingt ja auch nicht so toll). Alle vierzehn Tage Spiele-Sonntag mit verschiedenen Gesellschafts- und Kartenspielen (du meine Güte, wer spielt denn heute noch Rommé). Immerhin wurden Tanzkurse angeboten, die Wandergruppe machte Spaziergänge, Freunde der englischen Sprache trafen sich, die Motorbootgruppe fuhr über die Berliner und Brandenburger Gewässer ... Das müsse natürlich alles bezahlt werden. Für die Mitglieder würden die meisten Veranstaltungen kostenlos angeboten.

»Und wie geht das dann weiter? Ich meine, eigentlich bin ich auf Partnersuche, für solche Veranstaltungen hätte ich wahrscheinlich kaum Zeit.«

»Wir haben zweitausend Mitglieder, in verschiedenstem Alter natürlich. Wobei man nicht sagen kann, dass alle immer Suchende sind, sondern ungefähr 600 Leute, die anderen sind halt noch Mitglieder.«

»Warum sind die noch Mitglieder?«

»Naja, das liegt daran, dass die Mitgliedschaft minimal ein Jahr beträgt.« Aha, da haben wir den Salat. »Und was kostet die Mitgliedschaft?«

»Die Mitgliedschaft kostet pro Monat 122 Mark, und Sie müssen mindestens ein Jahr Mitglied sein.«

Wenn ich also diesen Traum-Kavalier aus der Annonce treffe und ihn dann vielleicht nach ein paar Monaten heirate, muss ich trotzdem ein Jahr lang Mitglied sein.

Ich spürte trotzdem dieser älteren Dame gegenüber ein gewisses Zutrauen. Außerdem interessierte ich mich nun einmal für den Rosenkavalier mit dem Motorboot. Treffen konnte ich ihn nur, wenn ich mich bereit erklärte, ein Jahr lang Mitgliedsbeiträge im CLUB DUE zu zahlen. Und es gab noch andere DUE-Anzeigen, die mir gefielen. Beispielsweise die von einem Handwerker, der zwei

Betriebe und offensichtlich keine Zeit hatte, sich eine Frau zu suchen. So ein bisschen ähnelt das meiner Situation, ich hatte auch wenig Zeit.

Die bislang so geduldig erklärende Frau Rosenthal drängte mich plötzlich zur Entscheidung. Ja sicher, mir war die Situation schon klar. Wir saßen hier nicht als private Freundinnen, die über die Schwierigkeit, einen vernünftigen Lebenspartner zu finden, schwatzten. Es war ihr Job, Verträge abzuschließen. Aber ich wollte mich auf gar keinen Fall drängen lassen.

Übrigens hatte Frau Rosenthal nach zehn Minuten gemeint: »Ihr Gesicht kommt mir so bekannt vor.« Als ich sagte, wer ich bin, erinnerte Sie sich an eine andere Sportlerin. Auch die habe im CLUB DUE ihren jetzigen Mann kennen gelernt. So? Ich fragte neugierig nach der Sportart, dem ungefähren Alter. Frau Rosenthal nannte mir, ohne weitere Umstände zu machen, sogar den kompletten Namen jener früheren Klientin. Abgesehen davon, dass ich die CLUB-Vermittlerin in diesem Moment ziemlich indiskret fand, war ich sofort entschlossen, meine Informationen zu nutzen. Ich kannte diese Sportlerin. Sie und ich standen in den sechziger Jahren fast gleichzeitig auf den Höhepunkten unserer Karrieren. Obgleich wir im sportlichen Alltag nichts miteinander zu schaffen hatten, kannten wir uns von diversen Empfängen und Auszeichnungsrunden für die Spitze des DDR-Leistungssportes. Wenn ich sie anrief, würde ich vielleicht erfahren, was dieser CLUB DUE eigentlich für ein seltsamer Verein sei. Die CLUB-Vermittlerin wollte ich vorerst noch hinhalten: »Liebe Frau Rosenthal, drängen Sie mich nicht, ich muss mir das mindestens noch ein Wochenende lang überlegen, und dann komme ich wieder.«

Dieses Mal fragte ich doch in der Verbraucherzentrale Berlin in der Bayreuther Straße nach dem Unternehmen CLUB DUE. Der Mann in der Rechtsabteilung konnte mir leider keine befriedigende Auskunft über die Seriosität dieses Unternehmens geben. Zumindest lagen ihm keine Beschwerden von Mitgliedern vor. Aber ich solle vorsichtig sein, den Vertragstext genau anschauen, prüfen, wie hoch die monatlichen Belastungen wirklich lägen und wie ich aus dem Vertrag herauskommen könne. Na toll, so schlau war ich auch zuvor schon gewesen.

Also besorgte ich mir die Adresse der erwähnten Sportlerin, die inzwischen erfolgreich eine Firma leitete, und rief an. Zunächst erreichte ich nur ihr Sekretariat und hinterließ meine Telefonnummer. Aber sie rief prompt zurück. Etwas verblüfft hörte sie sich meine Fragen an und sagte, sie sei niemals in einem derartigen Singleclub Mitglied gewesen. »Vielleicht ist das so ein Club, wo man einfach nur durch die Betten steigt. Gaby, sei vorsichtig«, gab sie mir warnend mit auf den Weg.

Nachdenklich machte mich dieses Telefonat schon. Hatte sich die beflissene Frau Rosenthal die

Geschichte einfach ausgedacht, um ihren Laden attraktiver dastehen zu lassen? Oder wollte meine frühere Sport-Kollegin nur nicht zugeben, dass sie in einem Singleclub Mitglied war ... Mein anfängliches Zutrauen zum Unternehmen CLUB DUE schwand.

Aber ich konnte ja noch die dritte Anzeigen-Kontakt-Möglichkeit ausprobieren, nämlich die, direkt auf mich interessierende Zeitungsannoncen zu reagieren. Das tat ich dann auch.

Traumangebot: 1. zum Aufwärmen gemeinsames Flanieren, im Jogging-Anzug nähern (am Wasserklops), 2. intimes Candlelight-Dinner bei McDonalds (aber Hallo), 3. Kultur pur, Rambo im CineMAXX (Popcorn satt), 4. lauschiges Techno-Disco-Finale (cheek to cheek, klaro). Wie bitte? Nicht Ihr Ding? Dann hätten wir schon etwas Gemeinsames. Vielleicht noch mehr. Redakteur, 50, 1,86, 70, herzeigbar (doch, doch) sucht weibliches Pendant.

Immerhin hatte sich der Herr Redakteur mit dem Text Mühe gegeben. Ich habe Sinn für Humor und auch sonst erschien mir dieses Angebot recht ansprechend. Also schrieb ich zurück:

Betrifft: Traumangebot, Annonce vom 13. 6. Werter Herr Redakteur, wir haben schon etwas

gemeinsam. Weitere Daten: 50, 161, 50, her-
zeigbar (für alle Events). Wenn Sie Lust haben,
den begonnenen Dialog fortzusetzen, dann
rufen Sie mich doch einfach unter meiner
Handy-Nummer an.

Nun, bisher hatte er noch keine Lust.
Dann gefiel mir noch:

Oft passiert es mir, dass die Frauen denken, der
ist sicher schon in festen Händen. Aber sie irren
sich. Sportlicher, attraktiver, gut situierter
Mann, 53, 1,71, der vielseitige Interessen hat. Er
möchte an eine zierlich kleine Dame bis 48, die
humorvoll, intelligent und berufstätig ist, sehr
viel Wärme, Liebe und Geborgenheit verschen-
ken. Wenn Sie wirklich ernsthaft einen Lebens-
partner suchen und füreinander auch Zeit
haben, dann bitte ich Sie, mir zu schreiben. Bild-
zuschrift garantiert zurück.

Okay, darauf schrieb ich. Allerdings hatte ich ein
kleines Problem damit, mein Foto beizulegen.
Irgendwie gefällt es mir nicht, wenn so ein Fremder dann gleich weiß, wer ich bin. Aber schließlich
nahm ich ein ganz privates, auf dem ich häuslich
wirkte, irgendwo im Garten stehend, und es passierte: Er rief an. Ich war gerade auf der Autobahn
unterwegs nach Chemnitz und fuhr mit 180
Sachen. Seine Stimme war im Handy nicht so rich-

tig zu verstehen. Irgendwer erklärte, er habe gerade ein wunderschönes Foto von mir vor sich liegen und würde mich gerne mal sehen. Ich rief gegen den Autobahnlärm: »Wer ist da?«

»Das tut nichts zur Sache.«

Er wollte anonym bleiben: Tut nichts zur Sache. Nun, das war auch nicht so schlimm, ich musste nicht unbedingt den Namen wissen. Da die Verständigung so schlecht war, einigten wir uns ziemlich schnell auf den kommenden Samstag, an dem ich wieder in Berlin sein wollte. Wie treffen wir uns, wie erkennen wir uns? Er sagte, es ist mir zu vage, zu weit weg, ich rufe Sie am Freitagabend wieder an. Gut. Am Freitagabend rief er natürlich nicht an. Aber am Samstagmorgen. Und schlug vor, uns noch am gleichen Nachmittag zu treffen? Ich hatte nichts dagegen. »Wo wohnen Sie denn?«

»Ich wohne in Siemensstadt.«

»Ich wohne im Norden, in Karow.«

Vorsorglich hatte ich mir inzwischen meine zukünftige Date-Taktik zurechtgelegt: Natürlich würde ich mich auf gar keinen Fall in meinem eigenen Haus oder in der Wohnung eines Anzeigen-Kandidaten verabreden. Schließlich wollte ich keine bösen Überraschungen erleben. Treffen in der Öffentlichkeit, also dort, wo unbeteiligte Passanten in Sicht- und Hörweite sind, empfehlen sich für solche Kontakt-Versuche nun einmal eher als abgeschlossene Privaträume oder irgendwelche einsamen Parkwege. Dieser Zeitschriften-Beitrag über

Singles und Partnersuche, den mir meine Kollegin zum Lesen gegeben hatte, erwähnte auch, dass sich viele Männer – gleichgültig, ob sie tatsächlich eine Partnerin suchen oder sich nur auf diesem Wege ein billiges Vergnügen organisieren wollen – bei solchen Annoncen-Dates ziemlich aufdringlich verhalten. Von verbalen Peinlichkeiten über handgreifliche sexuelle Belästigung bis hin zu Vergewaltigungen sei so ziemlich alles ›drin‹. Darüber sollte sich jede in einen Anzeigen-Treff einwilligende Frau im Klaren sein. Oft berichteten von derartigen Attacken betroffene Frauen anschließend, dass sich die entsprechenden Männer in ihren Briefen oder bei den der Verabredung vorangegangenen Telefonaten völlig seriös gegeben hatten. Übrigens solle man sich auch nicht über obszöne Anrufe wundern, ebensowenig wie über obszöne Fotos in der Chiffre-Post. Frauen, die sich öffentlich (wenn auch hinter Chiffre oder Telefonnummer verborgen) dazu bekannten, einen Freund/Liebhaber/Lebenspartner zu suchen, müssten damit rechnen, dass Männer dies übel ausnutzten.

Also, für mich kamen nur Treffen in der Öffentlichkeit in Frage. Einladungen zu gemeinsamen Autoausflügen, ja selbst das unverfänglich erscheinende Nachhausebringen im Auto würde ich ohnehin jedem Fremden abschlagen. Sowieso war ich fast immer mit dem eigenen Wagen unterwegs, weil das für eine Stadtrand-Bewohnerin einfach das Praktischere ist. Und vor allem nahm ich mir vor, jeden Treff, jedes Gespräch sofort abzubrechen, wenn mir Gesprächsthemen, Blicke, Berührungen unangenehm werden sollten. Egal wo und wie, ich würde in einem solchen Fall einfach aufstehen und gehen. Dafür bin ich durchaus couragiert genug. Außerdem bekamen alle Kandidaten nur meine Handy-Nummer. In dem Artikel war zwar als clevere Variante empfohlen worden, sich für so eine aktuelle Kontaktsuche bei der Telekom einen Zweitanschluss zu mieten, den man anschließend wieder abmeldete. So konnte später niemand mehr mit der Nummer Unfug treiben und man würde nicht mehr belästigt. Aber das erschien mir dann doch übervorsichtig.

Jedenfalls schlug ich nun meinem ersten Date-Kandidaten vor, uns in einem Frohnauer Restaurant zu treffen. Frohnau wäre mir lieb gewesen, denn ich hatte mich für den Nachmittag schon in der Nähe dort mit Freunden zum Reiten verabredet. Aber Frohnau war nicht sein Ding, nein, unter keinen Umständen. Keine Ahnung, was er gegen Frohnau hatte. Er sagte: »Wir treffen uns im Zentrum, am KaDeWe.« – »Also gut, am Kaufhaus des Westens um achtzehn Uhr.« Übrigens teilte er mir noch mit, dass er Inder sei.

Ein Inder, diese Überraschung bewegte nun meine Phantasie sehr: ein Mann aus dem Lande des Kamasutra ... Er sprach ganz gut Deutsch, wahrscheinlich lebte er schon länger in der Stadt. Suchte er eine deutsche Frau, weil der Kreis von allein lebenden Inderinnen in Berlin mit Sicherheit ziemlich klein ist? Oder gefielen ihm die deutschen Frauen?

Als ich mit meinen Freunden nach dem Mittagessen mit den Pferden über die Waldwege trabte, konnte ich nicht anders, ich erzählte vom ersten Anzeigen-Date.

»Du bist verrückt. Warum machst du so was?«

Ja, warum mache ich so was? Sie kannten meine Situation, wussten, dass ich gerne einen Mann kennen lernen würde, also wünschten sie mir Glück. Zum Thema »Inder« bekam ich noch ein paar freche Bemerkungen über deren Qualität als Liebhaber mit auf den Weg.

Auf jeden Fall machte ich mich pünktlich auf den Weg, war also schon ein bisschen vor achtzehn Uhr da und schlenderte neugierig auf der dem Kaufhaus gegenüberliegenden Straßenseite herum. Punkt achtzehn Uhr sah ich jemanden am KaDeWe stehen: Plumps machte mein Herz, und ich schlenderte hinüber. Beim Näherkommen sah ich dann seine braunen Augen, ziemlich düster, verschlossen blickend.

Es gibt die Psychologen-Meinung, dass man sich über einen fremden Menschen beim Vorstellen nach sieben Sekunden eine Meinung gebildet hat. Mimik, Körperhaltung, Ausstrahlung, ja, auch das Outfit, sagen mehr als lange Texte. Ich glaubte sofort zu wissen, dass dieser Mann nicht das war, was ich mir vorstellte. Aber ich wollte ihm eine Chance geben. Vor allem wollte ich ihn nicht nur wegen seines etwas befremdlichen Outfits in irgendeine Kategorie hineinstecken: Grüne Hosen, ein Sakko grün-bordeauxrot kariert. Wir reichten uns die Hände, und er sagte: »Möchten Sie etwas essen, vielleicht in einem indischen Restaurant?« Also gingen wir ein paar Straßenzüge weiter, er kannte da ein angenehmes Lokal.

Unterwegs liefen wir an einer Galerie vorbei, die Zeichnungen ausgestellt hatte, nackte Körper, sehr ästhetisch, sehr gut gezeichnet. Ich lobte die Akt-Blätter. Und er: »Darüber kann man geteilter Meinung sein. Ich bin nicht der Auffassung, dass so etwas gut ist.« Da urteilten oder besser: empfanden wir also sehr verschieden.

Im Lokal angekommen fragte er mich unvermittelt: »Fühlen Sie sich unwohl?« Ich fühlte mich nicht unwohl, aber so richtig toll fand ich das alles nicht. Und er kritisierte: »Sie schauen so nach rechts, nach links ...«

»Nun ja, das Gespräch hat gestockt.«

»Das Gespräch hat noch gar nicht angefangen.«

Oh, er war ziemlich schroff. Nachdem ich ihn gefragt hatte, wie lange er denn schon allein lebe, reagierte er mit: »Sprechen Sie nicht so laut, ich bin ein diskreter Mensch. Kommen Sie heran. – Sechs Jahre.« Ich glaube, er war ziemlich frustriert. Ich wollte dann noch wissen, wie viele Annoncen er schon in die Zeitung gegeben hatte: Zwei. Ich konnte mir die vielen nutzlosen Treffen, die er seither absolviert hatte, vorstellen. Wahrscheinlich hatte er diese Art von Verabredungen mittlerweile herzlich satt. Das war mein Eindruck, der mochte vielleicht falsch sein. – Und noch etwas verstimmte ihn gründlich: Ein paar Schwule drängten sich laut und fröhlich durch die Restaurant-Tür, geschminkt, kostümiert, fast nackt, bunt bemalt, mit wunderbaren Federboas. Mir fiel ein, dass in Berlin gerade an diesem Sonnabend der Christopher-Street-Day lief. Nun finde ich diesen Schwulen-Tag und alles Drumherum unheimlich lustig und sagte das auch noch. Damit lag ich völlig verquer ... Starr und verschlossen widmete sich meine indische Annoncen-Bekanntschaft der Speisekarte. Wir bestellten eine Vorspeise. Dabei blieb es auch. Ziemlich sachlich meinte er: Wenn Sie jetzt gehen möchten, dann nehme ich Ihnen das nicht übel. Ich überlegte nicht lange, es war so sichtlich zwecklos. Also verabschiedete ich mich: »Es tut mir leid, ich glaube, wir passen nicht zusammen.«

Das war mein erstes Date per Annonce. Wenig vielversprechend. Mit diesem verbitterten, spröden Mann wäre ich nie auf der sprichwörtlichen ›Wolke sieben‹ gelandet. Nicht einmal auf ›Wolke eins‹. Aber was soll's.

Ich fuhr nach Hause, kümmerte mich um meine Gartenarbeit, da fällt genug an. Wie jeder Mensch, der ein Stückchen Grün zu pflegen hat, widme ich mich ehrgeizig meinem Rasenteppich und hätte ihn gern makellos, englisch. Rasen keimt schnell, Löwenzahn und Gänseblümchen keimen noch schneller ... Profis vertreten die Meinung, den richtigen englischen Rasen bekommt man nur zustande, wenn man aller zwei Tage mit dem Mäher drübergeht und das am besten ein paar hundert Jahre lang. Erst dann sieht es aus wie bei der Queen. Schön wär's, auch wenn ich noch so fleißig dünge und mähe und belüfte, von solchen tollen Resultaten bin ich um einiges entfernt. O ja, Rasen muss belüftet werden, mindestens einmal im Frühjahr, und einmal im Jahr soll man mit so einer massiven Dornenrolle den Boden darunter fein aufreißen. Eine schweißtreibende Angelegenheit, bei der man prima Frust abbauen kann.

Dank meines indischen Rendezvous' wurde also das Gras belüftet. Mittendrin kam mir der Gedanke an diesen Club DUE. Sicher, es sprach manches dagegen. Aber diese Frau, mit der ich mich unterhalten hatte, schien die Geschichte doch recht engagiert zu betreiben. Dass tatsächlich unheimlich viele Single-Männer in dieser Stadt lebten, die keineswegs gerne Single waren, verrieten mir die großen Anzeigen-Seiten der Tageszeitungen. Über den CLUB würde ich doch wohl einige von ihnen kennenlernen. Spontan entschloss ich mich: Du trittst ein.

Frau Rosenthal arbeitet natürlich auch am Samstag und reagierte hell begeistert auf meinen Anruf. Schon am nächsten Tag machten wir den Vertrag perfekt, und ich bekam die Telefonnummern, die mich interessierten.

Der Rosenkavalier hieß Walter Bär. Zu Hause sah ich sofort im Telefonbuch nach, ob's einen Walter Bär gäbe. Sieh da: Er wohnt in Tegel. Da stand allerdings, was mich ein bisschen beunruhigte, Hans-Walter Bär und Waltraud. Wer ist Waltraud? Ist Waltraud verstorben? Was ist mit ihr?

Der charmante Rosenkavalier war sehr angenehm am Telefon zu hören. Wir kamen leicht ins Gespräch und verschwatzten locker mindestens eine halbe Stunde. Er fragte mich aus, ich antwortete recht spontan. Irgendwann sagte er im schönsten Berliner Jargon: »Das ist eine kesse Bolle, eine kesse Bolle.« Nicht unsympathisch, der Mann. Er erzählte mir, dass er gebürtiger Henningsdorfer sei und jetzt am Wasser lebe. Wir haben uns sofort verabredet, für den kommenden Abend, am »Kempinski«. Ich glaube, bei den älteren Westberlinern ist das »Kempinski« das erste Haus am Platze. Es gefiel mir, dass der Rosenkavalier nach nur einem Telefonplausch in mir eine Frau entdeckt hatte, mit der er sich gerade dort sehen lassen wollte. »Wie erkennen wir uns eigentlich, mit Rose im Knopfloch, oder mit großem Rosenstrauß?«, wollte ich noch wissen. »Wir erkennen uns auf jeden Fall«, lautete die salomonische Antwort des Weltmannes.

Punkt neunzehn Uhr war ich da, wie das so meine Art ist, ging ins Foyer, und nach kurzer Zeit stand ein Herr vor mir, der sagte: Hallo, wir sind verabredet.

Zugegeben, ich hatte so meine Vermutungen. Wenn da jemand formuliert, seit dem 60. Geburtstag würde er seine Jahre nicht mehr zählen, steht zu befürchten, dass er ziemlich alt ist. Vor mir stand nun beileibe kein Greis. Ein reifer Mann, das war schon klar, aber dunkle Haare, einsachtzig groß, dunkelblauer Anzug, gestreiftes Hemd, recht ansehnlich. Und das Erste, was er sagte: »Gabriele Seyfert. Nachdem ich gestern den Hörer aufgelegt habe, habe ich überlegt, Gabriele Seyfert, der Name kommt dir doch irgendwie bekannt vor. Und dann fiel es mir wie Schuppen von den Augen: Sie sind die Eiskunstläuferin.« Na gut, nun war es heraus, er hatte mich also erkannt. Aber das spielte eigentlich keine Rolle. Er sagte dann: »Ich habe hier etwas vorbereitet.« Tatsächlich, auf dem Tisch standen Rosen für mich, blassrosa Rosen. Keine dunkelroten, vielleicht käme das später, flirtete der Rittersmann. Er orderte zwei Glas Champagner und plauderte fröhlich drauflos. Zunächst versuchte er unser Gespräch anzukurbeln, indem er mitteilte, wir hätten gemeinsame Bekannte: »Ich kenne den Herrn Hofer, der Herr Hofer war früher Eiskunstläufer und hatte eine Eisshow, und den müssen Sie auch kennen. Und dann war da noch die Verena, die, ach die kennen Sie nicht, na ist auch nicht so wichtig, aber das sind schon mal gemeinsame Bekannte.« Es ging bei ihm ziemlich durcheinander, von Thema zu Thema, bis ihm einfiel, dass wir ja eigentlich zum Essen verabredet waren. Ich wollte gerne Fisch. Und er: »Das Fischrestaurant hinterm ›Kempinski‹ gibt es leider nicht mehr. Tja, das ›Kempinski‹ ist ja auch nicht mehr das, was es früher mal war, ich habe aber, wenn Sie mögen, für uns einen Tisch reserviert, allerdings ist das Restaurant hier jetzt eine bessere Wartehalle, also ich glaube nicht, dass Ihnen das gefällt. Aber da gibt's noch ein Restaurant, das ist auch nicht weit von hier, ich glaube, das heißt Kessler oder so ähnlich, das gibt's auch noch mal auf Ihrer Seite, im Osten.«

»Dressler«, konnte ich einwerfen. Im »Dressler« Unter den Linden hatte ich irgendwann schon einmal mit einer Freundin gegessen. Also beschlossen Herr Bär und ich, nachdem wir unseren Champagner getrunken hatten, den Kudamm entlangzulaufen, zum »Dressler«. Ein ansehnliches Paar, ich mit meinen blassrosa Rosen im Arm. Emanzipation hin, Selbstbewusstsein her, ich gestehe, es behagt mir durchaus, mich derart von einem Kavalier alter Schule begleitet und umsorgt zu wissen. Trotz seines Hin-und-her-Springens beim Sprechen war Herr Bär einfach ein sympathischer, offener Mensch. Er erzählte erstaunlich viel von sich, und nach kurzer Zeit kam er auch auf das Thema ›Waltraud‹. Waltraud, die 25 Jahre jünger als er und seine Nichte war, hatte er vor langer Zeit bei der

Leipziger Messe kennen gelernt. Das heißt, er lebte also mit einer Nichte zusammen, die er aus dem Osten zu sich geholt hatte. Mittlerweile aber habe Waltraud, das bemerkte er beiläufig, mit 40 Jahren einen ›Rappel‹ und wollte partout selbst Geschäftsfrau sein. Dadurch offenbarte er mir – sei es aus Zerstreutheit, sei es mit Vorbedacht – ganz nebenher sein tatsächliches Alter: Wenn Waltraud 25 Jahre jünger war, so musste er jetzt 65 Jahre alt sein. Seit anderthalb Jahren, so erfuhr ich, teilten sie nicht mehr das gemeinsame Bett miteinander, sondern nur noch das gemeinsame Haus. Letzteres hatte Herr Walter seiner Waltraud, leichtsinnigerweise, vor zwanzig Jahren mehr oder weniger geschenkt. Was ihn jetzt doch etwas betrübe. Nachdem sie nicht mehr so richtig zusammen harmonierten, lebten sie in dem Haus getrennt: Er in der unteren, Waltraud in der oberen Etage.

Auch auf seinen Sohn kam die Sprache, der mittlerweile vierzig Jahre alt geworden war, Unternehmensberater, gute Stellung. Es ging um die Frauen, die der Sohn gehabt hatte, und Herr Walter bekannte sarkastisch seine Schwierigkeiten damit, sich die Namen der verschiedenen Damen zu merken. Zum vierzigsten Geburtstag des Sohnes sollte in großem Rahmen gefeiert werden. »Ich wollte ihm eigentlich ein kleines, edles Solo-Klavierkonzert mit einem bekannten Pianisten schenken. Weil mein Sohn früher einmal Klavierspielen hätte lernen sollen, es dann aber aufgab. Doch nachdem die blöde Kuh von Frau, mit der er jetzt zusammenlebt, meine Idee ausgeplaudert hatte, blies mein Sohn kurzerhand die komplette Geburtstagsfeier ab.«

»Warum?«

»Ja, warum. Weil er der Meinung war, dass ich ihm nicht in seine Organisation hineinplatzen solle.«

Mir kam der Anzeigentext von Walter Bär in den Sinn: Ein tolles Leben voller Genüsse, alles wunderbar. Dahinter verbirgt sich so viel Kompliziertes, Ungelöstes, Bitteres, was auch zum Lebensweg gehört. Als ich Herrn Walter dann von meinem fünfzigsten Geburtstag erzählte, den meine Tochter so wunderbar für mich vorbereitet hatte, schien es mir, als ob er ein bisschen neidisch war.

Dann unterhielten wir uns über das Reisen. Nach Sachsen plane er demnächst zu fahren, um endlich Dresden zu sehen, Zwinger, Semperoper, und vielleicht mit so einem alten Raddampfer auf der Elbe in die Sächsische Schweiz schippern. Er stelle sich das sehr romantisch vor. Ja, und Schwerin, das musste ja auch herrlich sein, das Schloss inmitten dieser Seen wolle er sich unbedingt noch in diesem Sommer anschauen. Allerdings nicht allein, allein mache ihm so etwas überhaupt keinen Spaß. Mit mir, als kundiger Begleiterin? Die Einladung hing als Frage deutlich in der Luft. Ich nahm sie einfach nicht auf. Ich wollte Walter Bär nicht mit der Bemerkung vor den Kopf stoßen, dass ich zuweilen fast täglich zwischen Dresden, Leipzig, Berlin und so weiter auf der Autobahn pendelte. Mit einem gemächlichen Raddampfer auf der Elbe zu treiben, das war nicht meine Lebensgeschwindigkeit. Irgendwo gefiel mir dieser Mann und ich mochte ihn. Aber ich wusste gleichzeitig, dass ich nicht mit ihm leben wollte. Ich konnte mir gut vorstellen, dass er irgendwann einmal bestimmt ein sehr beschäftigter Geschäftsmann gewesen war, dessen Leben großes Tempo hatte. Heute suchte er eine Frau, die mit ihm Bootsfahrten unternahm, gemächlich durch die Lande reiste, eben ein ruhiges, besinnliches Feierabend-Leben lebte. Und das wollte ich nicht.

Café Solo

Also Weitersuchen. Auf den Annoncen-Seiten der Berliner Zeitungen fand sich so manches viel versprechende Angebot, zum Beispiel dieses:

Liebe, Treue, Vertrauen. Er, 51, jünger aussehend, 1,84 groß, schlank, romantisch, liebevoll, verschmust, sportlich, Raucher. Suche Sie mit fast übereinstimmenden Eigenschaften.

Na, da sah ich doch viele Gemeinsamkeiten. (Einmal abgesehen davon, dass ich nur 1,61 Meter groß bin.) Also wurde ein Briefchen aufgesetzt und abgeschickt. Mal sehen, was sich daraus entwickeln würde.

Und dann stand mir noch der Termin mit Herrn Zweibaum ins Haus, ein Klient aus Frau Rosenthals Angebot. Es war der Mann, der »wenig Zeit, um dich zu suchen« hatte und den seine beiden Betriebe ganz schön in Anspruch nahmen. Als ich ihn anrief, war er ziemlich überrascht, konnte mit dem Namen Rosenthal überhaupt nichts anfangen, aber beim Stichwort Club DUE klärte sich alles auf.

Na gut, ein viel beschäftigter Mann eben ... Der aber ohne Zögern und angenehm unkompliziert ein Date mit mir verabredete: »Treffen wir uns in der Nähe des Kudamms, ich kenne da ein Café Solo, in der Pariser Straße, ich wohne gleich um die Ecke, Düsseldorfer Straße.« Am 3. Juli, siebzehn Uhr, wollten wir uns im »Solo« treffen.

Ich spielte in Gedanken mit dem Namen: Solo fuhr ich hin, vielleicht würde ich es dort nicht bleiben. Herr Zweibaum hatte so eine angenehme Stimme und eine offene Art zu reagieren. Vielleicht war er ein bisschen wuselig, jedenfalls am Anfang unseres Telefonates, aber wenn jemand die Geschäfte zweier Betriebe parallel zu bewältigen hat, dann kann ich mir seinen prallvollen Terminkalender gut vorstellen. Nun habe ich nichts gegen Leute, die viel und gerne arbeiten, also: Vielleicht. Das kleine ›Vielleicht‹ schwebte vor mir her, und bestimmt lächelte ich den Tag über mehr fremden Leuten zu, als es sonst so meine Art ist. Vielleicht kannst du bald bei jemand anderem deine Schmusehappen erschnurren, erklärte ich Katze Funny abends auf der Terrasse, bis die sich vor meinen intensiven Knuddeleien mit einem eleganten Sprung hinter die Taxushecke flüchtete. Katzen möchten eben auch nicht zu sehr geliebt werden. Wart's nur ab, meine Gute, bald habe ich jemand anderen zum Knuddeln. Vielleicht.

Vor das »Solo« hatten die Götter aber den Schweiß gesetzt: ein Sommerfest im Hotel »Berlin«, das ich von Berufs wegen am Nachmittag zu besuchen hatte. Kontakte knüpfen, mit Geschäftsleuten reden, die möglicherweise einmal die Dienste unserer Firma in Anspruch nehmen würden, sie von deren Vorzügen überzeugen ... Man muss immer am Ball bleiben, der Dienstleistungs-Sektor ist ein heiß umkämpfter Markt. Normalerweise bin ich bei derartigen lockeren Small-Talk-Terminen voll in meinem Element: Gerade wenn sich eigentlich niemand zu etwas verpflichtet fühlt, lassen sich oft gute Geschäftskontakte anbahnen. Aber bei diesem Sommerfest ergab sich wenig. Richtigen Spaß hatten offensichtlich nur die Kinder der Firmenangestellten, für die eine große, bunte Spielburg aus Plastik aufgebaut worden war. Von den erwachsenen Anwesenden hielten sich die meisten mehr oder weniger apathisch an ihren Selters- und Saftgläsern fest. Niemand war in der Hitze dieses Julinachmittages großartig zu Gesprächen aufgelegt. Wozu hier länger die Zeit verschwenden, ich war ohnehin neugierig auf meinen heutigen Kavalier. Also zückte ich mein Handy und fragte bei Herrn Zweibaum an, ob er vielleicht schon früher Zeit hätte. Ja, er hatte: Bis gleich, im Café »Solo«. Das »Solo« habe ich leider nie zu Gesicht bekommen. Ich ging die Pariser Straße entlang, fand irgendwann, sie sei hier zu Ende, und wusste nicht weiter. Durst hatte ich und keine Nerven, weiter in der flirrenden Berliner Stadthitze herumzusuchen, unter der sich der Asphalt auflöste, so dass man mit seinen Schuhabsätzen darin kleben blieb. Also rief ich nochmals bei Herrn Zweibaum an, erklärte ihm, dass ich sein »Solo« nicht fände, aber jetzt vorm Restaurant »Beyer«, Hausnummer 15 stünde und dort auf ihn warten wolle. Immerhin, er verlor nicht die Geduld und versprach, in zehn Minuten bei mir zu sein. Bald bog ein Kleinbus mit Reklame für einen Bauinstallateurbetrieb um die Ecke. Da war er dann: Meister Zweibaum, 58 Jahre alt, Jeans und schwarzes T-Shirt, braungebrannt, sportlich, sehr sympathisch. Offen erzählte er von sich, seiner Arbeit, von seinem Ein-Mann-Handwerksbetrieb, in dem es keinen Mangel an Aufträgen und unab-lässig zu tun gab: gut für die Geschäftsbilanzen, schlecht für seine Freizeit ...

Wie sich bald herausstellen sollte, hatte Frau Rosenthal das Image dieses netten Menschen in der Annonce mit unlauteren Mitteln aufpoliert. Herr Zweibaum wunderte sich nämlich sehr, als ich ihn nach seinem zweiten Betrieb fragte. »Das stand in der Zeitung, unmöglich!« Es ärgerte ihn. Schließlich musste er, ein grundsolider Handwerksmeister, sich nicht mit fremden Federn schmücken. Wie kam das zustande, was sollte das? Mir schwante, dass die sich so seriös gebende Club-Vermittlerin ihre Anzeigentexte ziemlich ungeniert zurechtbog, damit sie bei den zeitungslesenden Single-Frauen ankamen. »Zwei große Betriebe« klangen ihrer Meinung nach offenbar verlockend. Wenn alle Rosenthalschen Texte nach diesem Strickmuster produziert wurden, dann musste ich wirklich vorsichtig sein. Mein Gesprächpartner machte gar keinen Hehl aus seiner Meinung, dass dieser Partnerclub ohnehin ein ziemlich lausiges Unternehmen sei. Schon die Clubräume, das wäre doch alles sehr eigenartig, eine Art Wohnzimmer mit Bar, man könne da gar nicht richtig tanzen, ganz klein sei der Raum ... Ich war ja noch nie dort. Herr Zweibaum erzählte mir von seinen schlechten Erfahrungen. Nachdem er DUE-Mitglied geworden war, rief ihn postwendend eine Frau an und verabredete sich mit ihm für einen Tanzabend in den Clubräumen. Die Frau hatte sich als kleine, gutaussehende Blondine beschrieben. Aber er fand bei DUE überhaupt keine Frau, auf die die Beschreibung gepasst hätte. Auch sonst gefiel ihm dort niemand. Es wurde ihm bald zu bunt, er ging. Als er zu Hause ankam, rief die Betreffende an und sagte: »Sie haben mir den ganzen Abend gegenüber gesessen.« Er kam sich ziemlich veralbert vor.

Dementsprechend skeptisch sei er bei meinem Anruf gewesen, darauf gefasst, dass ihn wieder jemand an der Nase herumführen wolle. Und wurde noch mißtrauischer, als ich per Handy mitteilte, dass ich das »Solo« nicht finden könne. Dabei stellte sich heraus, dass ich nur ein Straßenschild übersehen hatte. Es war da ein kleiner Platz zu umrunden, dahinter wurde die Pariser Straße fortgesetzt ... Ich bin ja sonst von Berufs wegen hartnäckig, wenn es darum geht, eine Adresse ausfindig zu machen. Wo käme ich hin, wenn ich vor jedem neugebauten Gewerbegebiet ohne Straßenschilder kapitulierte. Man muss sich da einfach etwas einfallen lassen, um die Orientierung zu finden. Normalerweise heißt es bei mir in derartigen Situationen: Wo ein Wille ist, da ist ein Weg. In der Hitze dieses Nachmittages hatte ich dann aber doch aufgegeben. Wozu gibt es Handys?

Nun saßen der nette Herr Zweibaum und ich in einem schattigen Restaurant-Garten beieinander und redeten, als würden wir uns seit Jahren kennen. Das heißt, meistens redete Herr Zweibaum. Nämlich sich seinen Ärger von der Seele. Er lebte seit zehn Jahren mit einer um etliches jüngeren Frau zusammen, die ein Kosmetikgeschäft hatte und in letzter Zeit massiv an ihm herumkritisierte. Nun musste er mir sein Herz ausschütten, er konnte an gar nichts anderes denken, etwa mich nach meinem Leben zu fragen. Jeder Satz drehte sich um diese Frau: Nichts passte ihr, nichts konnte er ihr recht machen: »Die spinnt.« Drastisch und empört zählte er mir die Streitpunkte auf, so als sollte ich den Richter in diesem Ehekrieg spielen. Ja, wer kann das schon von außen? Zweifellos war er ein tüchtiger Mann, praktisch veranlagt, aber vermutlich mit wenig Zeit für die Liebste. Wo bleiben da Nähe und Zärtlichkeit? Er arbeitete. Er arbeitete auch am Sonntag, und offenbar machte ihm das viel Spaß. Wer weiß, wie seine Frau mir die Geschichte erzählen würde. Was bedeutete sein: »Jetzt flippt sie aus« aus ihrer Perspektive? Trennen wollte er sich, von »unbedingt rausschmeißen« war die Rede. Also war sie noch da, täglich in seiner Nähe. Und er las Single-Anzeigen, wurde sogar Mitglied im Partnerclub, ohne zuvor eine klare Trennlinie zu ziehen? – Wer weiß, was da wirklich zwischen den beiden lief. Warum sollte ich mich einmischen? Ich denke, in so einem Fall ist es besser, man klärt erst einmal die alten Verhältnisse, bevor man sich in neue stürzt. Bei aller Sympathie ... Das sagte ich ihm auch, freundlich, aber bestimmt. Gefallen hatte er mir schon, der offene und aktive Zweibaum. Er wirkte auf mich überhaupt nicht wie kurz vor den Sechzigern stehend, war ziemlich dynamisch, das merkte man. Ich denke, so schlecht würden wir nicht zusammenpassen. Aber an diesem Nachmittag sind wir uns nicht gerade näher gekommen. Wer weiß, vielleicht würden wir uns später noch einmal im CLUB begegnen, wenn er alles geklärt hatte.

Noch während mir Herr Zweibaum die komplizierte Geschichte seiner missratenen Liebe anvertraute, klingelte mein Handy: Der Anzeigenmann mit Liebe, Treue und Vertrauen meldete sich. Aber er bekam mit, dass ich irgendwo im Freien und vor Zuhörern telefonierte und schlug vor, mich am nächsten Tag nochmals anzurufen.

Es war ein schöner, ruhiger Sonntag. Ich brachte meinen Garten in Ordnung, wässerte meinen immer noch nicht englisch-sattgrünen Rasen,

schnitt Rosen, fischte Blätter aus dem Swimmingpool und tauchte selber ab, ließ mir die Sonne auf
den Bauch scheinen und die Seele baumeln. Der
Mann für Liebe, Treue, Vertrauen meldete sich
nicht.

Später rief ich Sheila in New York an. Die Zeit-
verschiebung zwischen unseren beiden Städten
hatte ich inzwischen verinnerlicht und klingelte sie
nicht mehr, wie am Anfang, halb krank vor Sehnsucht nach meinem Mädchen in der Ferne,
spontan mitten in der Nacht aus dem Schlaf. Aber
dieses Mal bekam ich nur Sheilas Anrufbeantworter zu hören. Na gut.

Also verbrachte ich den Abend damit, auf neue
Anzeigen zu schreiben. Ein *gut situierter Unternehmer* suchte eine *lieb-freche Lebenspartnerin, die
es genießt, den gemeinsamen Alltag zur organisieren.*
Aber hallo, der Mann musste mich unbedingt kennen lernen. Dann gab es noch eine Anzeige, in der
nach einer *gut aussehenden, sportlich-femininen,
humorvollen Sie um die Fünfundvierzig* gesucht
wurde, die einen

> *lebenserfahrenen attraktiven Mittfünfziger, der
> die paradoxe Mischung von romantischen Nei-
> gungen und analytischem Verstand in sich ver-
> eint für die nächsten zwanzig Jahre begeistern*

konnte.
Den wollte ich nun unbedingt kennen lernen, ein
Mann, der unaufgefordert einräumt, zumindest
gelegentlich romantische Anwandlungen zu ver-

spüren, der ist selten. Ich gebe offen zu, eine ziemlich romantische Seele zu sein. Allerdings, wenn wichtige Entscheidungen anstehen, dann gilt, was der Kopf ansagt. Mein Gott, für die nächsten zwanzig Jahre wollte dieser analytische Träumer seine nächste Beziehung planen. Nur zu. Wenn es jemandem gelingt, die Begeisterung so lange aufrechtzuerhalten, Hut ab. Ich würde es mir schon vornehmen. Wenn der Richtige denn da wäre. So weit so gut.

Am darauf folgenden Donnerstagmorgen startete ich in aller Frühe voller Elan in Richtung Dresden. Die Autobahn war noch leer und kühl von der Nacht, der Motor surrte zuverlässig, ich hatte meine aktuelle Lieblingskassette eingelegt. Nein, keine Chansons, überhaupt keine Musik, sondern den Roman »Der Pferdeflüsterer« von Nicholas Evans. Neuerdings bin ich auf die Hör-Bücher gekommen. Vor ein paar Monaten fand ich in irgendeiner Zeitung einen Bericht darüber, dass Hör-Bücher, also mit guten Schauspielern aufgenommene Lesungen berühmter Romane auf Tonbandkassette, zunehmend im Buchhandel Absatz finden. Das gab mir den Anstoß: Seit ich so viel unterwegs bin, finde ich nämlich immer weniger Gelegenheit, mehr als die Zeitung zu lesen. Früher war ich so ein Bücherwurm, die Romane konnten gar nicht dick genug sein. Heutzutage schlaucht mich mein Alltag im Job ganz schön. Zu Hause angekommen will ich erst einmal nur durchatmen, relaxen ... Da muss ich sehen, wie ich Körper und Nerven wieder in Form bringe. Oft genug reicht es dann abends nur noch zum Griff nach der Fernbedienung: Den Fernseher einschalten, um abzuschalten. Wer kennt das von sich nicht auch. Aber dieser Zustand behagte mir überhaupt nicht, manchmal war ich ziemlich traurig darüber. Es blieb eben ein Wunschtraum, sich einen ganzen Sonntag lang ungestört und unbelastet von unerledigten Pflichten in die gemütliche Sesselecke zu kuscheln, um den dicken Roman zu lesen, den man mir geschenkt oder empfohlen hatte. Unter den gegebenen Umständen fiel jener zufällige Tip zu den Hör-Büchern bei mir auf fruchtbaren Boden. Wozu habe ich mir in mein Auto ein Super-Radio mit Kassettendeck einbauen lassen?! Schleunigst kaufte ich mir meine erste Roman-Kassette und kreierte meine »Autobahn-Lesung«. Es funktionierte bestens. Und ich muss sagen, auf meinen langen Reisen, ob nun nach Dresden, Halle, Leipzig oder Chemnitz habe ich in letzter Zeit unheimlich viele Bücher »gelesen«, zuletzt von Nikolas Sparcks »Wie ein einziger Tag«, eine wunderschöne, traurige Liebesgeschichte. Nein, es lenkt mich nicht vom Fahren ab. Natürlich lege ich die Bücher-Kassetten nicht im dicksten Stadtverkehr ein, wo man am Steuer nun wirklich seine fünf Sinne, und am besten noch einen sechsten Sinn, beieinander haben muss. Aber wenn man zwei Stunden am Stück über die graue Betonpiste schnurrt, kann das ganz schön langweilig werden. Also höre ich zu. Inzwischen bin ich in den Stadtbibliotheken von Chemnitz und Berlin angemeldet und leihe mir dort regelmäßig etwas aus: Mit zwanzig Mark im Jahr sind Sie dabei. Was ich wirklich ein tolles Angebot finde. Und außerdem: Werde ich nach einem Geburtstags- oder Weihnachtswunsch gefragt, habe ich schon immer meine kleine Titel-Liste parat. So kam ich auch an den »Pferdeflüsterer«, den ich mir an diesem Morgen ins Kassetten-Deck schob.

Herz, was willst du mehr: Ein frischer Tag, vormittags ein Kunden-Termin, den ich lange vorbereitet hatte und nun auf einen günstigen Abschluss hoffte. – Und eine vielversprechende Geschäftsverabredung für den Nachmittag: Begonnen hatte diese Geschichte damit, dass ich im ostdeutschen Wirtschaftsmagazin WIRTSCHAFT & MARKT einen großen Artikel über den Aufschwung der Dresdener Kamera-Industrie gelesen hatte. In Mittelpunkt des Berichts stand Sir John Noble, ein Deutsch-Amerikaner, 73 Jahre alt, der von der amerikanischen Ostküste nach Dresden gekommen war, um dort das, was seiner Familie einst in Dresden gehörte, zurückzubekommen: die Praktica-Werke, Grundstücke, eine Villa in der alten Dresdner Nobelgegend auf dem Weißen Hirsch. In den USA war John Noble als Politik- und Wirtschaftswissenschaftler, Fachbuchautor und Berater von Politikern erfolgreich. Und er wäre vermutlich nie wieder gen Osten gereist, wenn nicht ... Die Wende brachte ihm und seinem Bruder die traditionsreichen Werkstätten zurück. Doch wie sollte es wirtschaftlich damit weitergehen? Konnten sich deren Produkte auf dem Markt behaupten? Wer kaufte selbst zwischen Rostock und Erfurt noch eine Praktica, wo nun jedem die große weite Foto-Welt von Nikon über Polaroid bis hin zu Canon offen stand. Während sein Bruder zögerte, ging Sir John Noble daran, sich sozusagen als angejahrter Jungunternehmer in das Abenteuer Dresden zu stürzen. Er vertrat den Standpunkt, dass der Ruhm, den die Dresdner Feinmechanik und Kameraproduktion immer genoss, bewahrt werden müsse, und beschloss, sich persönlich vor Ort um alles zu kümmern. John Noble bezog wieder die Villa auf dem Weißen Hirsch, kämpfte um Patente und Markennamen, sorgte dafür, dass die Kamera-Werkstätten vollständig modernisiert wurden und tatsächlich wieder auf Hochtouren zu produzieren begannen. In dem Artikel war davon die Rede, wie Noble sein Unternehmen am Standort Dresden weiter ausbaute. Das war das Signal für mich: Neue Fabrikations- und Verwaltungsgebäude brauchen ein neues House-Management. Also schnitt ich mir den Text aus der Zeitung und beschloss, mit diesem Amerikaner geschäftlich in Kontakt zu kommen.

In solchen Fällen bringt es nichts, einfach drauflos zu telefonieren. Da wird man möglicherweise schon in der Telefonzentrale des Unternehmens, spätestens aber von der Chefsekretärin des potentiellen Kunden abgeblockt. Man braucht eine solide Empfehlung. Die konnte ich mir relativ unkompliziert beschaffen, indem ich meine Kontakte zu einem sehr netten Geschäftspartner im Dresdner World Trade Center aktivierte. Doktor H. kennt sich in der städtischen Szene bestens aus. Wie sich bei meiner Anfrage herausstellen sollte, war er mit jenem Sir Noble sogar befreundet und bei dessen Gesprächskreisen ein gern gesehener Gast. Dr. H. schwärmte mir regelrecht von diesen abendlichen Zirkeln in der Villa auf dem Weißen Hirsch vor, zu denen in den vergangenen Jahren regelmäßig sächsische Geschäftsleute, Politiker und Künstler gebeten wurden.

Jedenfalls fand Dr. H. mein Anliegen akzeptabel, verschaffte mir die Durchwahlnummer von Noble und versprach mir, mich auf dem Weißen Hirsch entsprechend zu avisieren. Eine halbe Stunde später stand tatsächlich meine Verabredung im Kalender. Und für diesen strahlenden Julitag war ich nun beim Herrn über die Dresdener Kamera-Werkstätten und deren zukünftige Gebäude angemeldet. Natürlich ging es mir in erster Linie darum, die Angebote meiner Firma vorzutragen. Aber ich muss schon zugeben, ich war darüber hinaus doch ziemlich neugierig auf den ehemaligen und heutigen Neu-Dresdener mit der verschlungenen Lebensgeschichte.

Die Villa auf dem Weißen Hirsch erwies sich als eine Art verwunschenes, von viel Grün umrahmtes und außen schon etwas bröckelndes Schlösschen. Ein sehr lebhaft dreinblickender älterer Herr, der sein Willkommen mit dem mir von früheren Amerika-Reisen gut bekannten, breitrollenden Slang der Deutsch-Amerikaner aussprach, empfing mich am Portal. Ansonsten wirkte Sir John eher britisch-perfekt: Trotz der Hitze trug er einen eleganten Seidenschal im Hemd und einen dezenten Baumwoll-Sweater. Ein echter Sir eben. Für einen Moment fragte ich mich allerdings, wieso der einstige Dresdener und heutige Amerikaner eigentlich den englischen Adelstitel trug.

Sir John meinte, dass wir an diesem herrlichen Sommertag im Freien besser aufgehoben seien und führte mich durchs frischrenovierte Haus auf seine Terrasse. Im Schatten eines riesigen Nussbaumes und unter einem eleganten Leinenschirm war der Tisch weiß gedeckt: Kaffee, frische Erdbeeren in Kristallschälchen, die in einer großen Porzellanschale voller Eiswürfel präsentiert wurden. Dazu Tassen aus hauchzartem Porzellan, vielleicht war es Meißner. Auf einem Beistelltischchen lag in einem großen Eiskübel eine Batterie Mineralwasser, natürlich aus den sächsischen Margon-Quellen. Schon dieses schlichte, aber stilvolle Arrangement meines Gastgebers nahm mich für ihn ein. Mein Blick ging zwischen den Hecken hindurch auf die berühmte Elbebrücke, das »Blaue Wunder«, und weiter über ganz Dresden. Die Elbe glitzerte in der Nachmittagssonne, am Horizont verschwammen die Vorortviertel im Dunst dieses heißen Juli. Unten brodelte die geschäftige Sachsen-Metropole. Hier oben ging ein sanfter Lufthauch, es war fast still. Sir John erklärte mir mit unverhohlenem Besitzerstolz, die Villa sei 1890 für eine Prinzessin Louise von Sachsen erbaut worden, später hätte sie sein Vater erworben. Nachdem er das Anwesen 1991 wieder bekommen hatte, ließ der Amerikaner zunächst innen alles in Ordnung bringen: In den Zimmern liefen wieder die Stuckgesimse um, alles war hell, mit Spitzengardinen und im Stil zum Haus passenden Möbeln eingerichtet. Nun müsse draußen noch einiges passieren.

Es war sehr angenehm auf dieser ausladenden Terrasse über Dresden. Wir hatten überhaupt keine Mühe, miteinander ins Gespräch zu kommen. Galant entschuldigte sich Sir John dafür, dass er mich als Eiskunstlaufweltmeisterin nicht kenne, aber wir seien ja der Geschäfte wegen zusammengetroffen. Zwar habe er sich aus der Geschäftsführung etwas zurückgezogen, werde sich aber meine Offerte aufmerksam anhören und die Unterlagen an den zuständigen Herrn weiterreichen. Gesagt, getan. Ich hielt meinen kleinen Vortrag und überreichte ihm die übliche Präsentationsmappe. Eigentlich war damit alles erledigt. Aber der alte Herr machte keine Anstalten, den Termin mit mir zu beenden. Im Gegenteil, er erzählte mir von allem Möglichen. Ausführlich auch von seiner Familie: Seine Frau und fünf Kinder leben in den Staaten, drei Töchter, zwei Söhne, so etwa in meinem Alter. Deren Fotos hatte ich an den Wänden des Salons hängen sehen. Mindestens acht Monate jährlich sei er allein in Sachsen, um eben seine Kamera-Werke zu modernisieren. Eine richtige Aufgabe für einen Mann wie ihn, allerdings habe er wirklich ziemlich viel zu tun. Seine Frau, seine Familie sähe er dann nur bei gelegentlichen Besuchen in Amerika, sie akzeptierten sein Engagement. Nun aber sei das Wichtigste geschafft, er brauche sich nicht mehr so intensiv zu kümmern, würde wahrscheinlich ganz nach Amerika zurückkehren und nur noch gelegentlich an der Elbe nach dem Rechten sehen. Deshalb spiele er auch mit dem Gedanken, diese Villa auf dem Weißen Hirsch zu verkaufen. Gut sechs Millionen wolle er dafür schon haben, schließlich sei es ein Liebhaberstück.

Irgendwie klang das sehr melancholisch. Und ich konnte mir diesen Sir John gar nicht als jemanden vorstellen, der sich ganz ins Private zurückzuziehen vermochte. Im Gegenteil, ziemlich leidenschaftlich entwickelte er mir seine ökonomische Philosophie: Der Motor seines Fortschrittssystems sei der natürliche menschliche Egoismus. Er setze auf Wettbewerb, der Konkurrenzgedanke mobilisiere den Menschen. Hilfe mache faul und fett. Deswegen würde in seiner Firma nach dem Effekt der gemeinsamen Mühe entlohnt. Er versuche die Gewinne zu optimieren, ganz nach unternehmerischer Ratio, aber alle anderen Mitarbeiter müssen sich ebenso vorbehaltlos für das Unternehmen engagieren. Und schließlich: Gewinnbeteiligung der Belegschaft von zehn Prozent sei ja wohl eine höchst partnerschaftliche Führungstechnik. Zweifellos.

Irgendwann kamen wir wieder auf Privates. Er fragte nach meinem Sport, ich schenkte ihm ein Autogramm-Foto. Deutete ihm meine Lebensumstände an. Er erzählte mir dann von einem amerikanischen Freund, Burt, mehrfacher Millionär, um die fünfzig Jahre alt, der ihn vor anderthalb Jahren um einen schwierigen Dienst gebeten hatte. Dem guten Burt fehle eine Frau. Er sei schon zweimal verheiratet gewesen, mit amerikanischen Frauen. Aber die lägen ihm offenbar nicht so. Jetzt solle er ihm eine deutsche Frau vermitteln. Tatsächlich hatte Sir John jenem Burt in den anderthalb Jahren schon drei verschiedene Kandidatinnen vorgestellt, die Richtige sei aber noch nicht gefunden worden. – Irgendwo ging mich das alles zwar nichts an, trotzdem erkundigte ich mich neugierig, wie diese Traumfrau aus Deutschland denn beschaffen sein sollte. Also: Die Dame musste mehr als gut aussehen. Sir John formulierte es so: Wenn sie in eine Gesellschaft eintrat, dann sollte sich ihr die Aufmerksamkeit aller zuwenden. Sie musste sich bewegen können, Ausstrahlung haben. Und so weiter. Die letzte Bedingung des Mister Burt lautete: Diese Frau durfte keinen eigenen Willen haben.

Schließlich hätten sich die beiden geschiedenen amerikanischen Gattinnen immer viel zu viel in Burts Geschäfte eingemischt, und das mochte der nicht mehr. Er mochte eine Frau, die repräsentieren konnte, aber nichts Eigenes produzierte. Sir John sah mich an und meinte plötzlich: »Wissen Sie, wir unterhalten uns hier jetzt seit über zwei Stunden so reizend, und wenn ich Sie anschaue, könnte ich mir vorstellen, dass Sie gar keine schlechte Kandidatin für Burt wären.«

Das war verrückt. Einerseits schmeichelte mir das Angebot meines charmanten Gesprächspartners, andererseits sah ich nun in mir wirklich keine Frau ohne eigene Meinung. Wobei ich immer respektiere, wenn ein Mensch bestimmte Lebensbereiche nicht unbedingt mit dem Partner teilt. Ganz im Gegenteil, darin liegt doch gerade der Reiz einer Beziehung, dass beide Partner ganz sie selbst sind, etwas tun, in das der andere gar nicht einbezogen werden muss. Um sich dann in den Dingen, in denen sie sich nahe sind, ganz eng auszutauschen.

Aber wenn Sir John mich unbedingt seinem Freund vorstellen wollte? Nun, warum eigentlich sollte ich nicht den Versuch unternehmen, jenen Mister Burt zu treffen. Der Zufall wollte es, dass ich ohnehin Anfang August zu Sheila nach New York flog, um dort zwei Wochen Urlaub zu machen und mir die Stadt nach so vielen Stippvisiten endlich einmal genauer anzusehen. Das erzählte ich Sir John, gab ihm ein zweites Autogrammfoto für

Mister Burt. Wenn der Lust hatte, konnte er mich im August kontakten.

Inzwischen hatte die Haushälterin noch einmal frischen Kaffee gebracht, die Erdbeeren zergingen wunderbar kühl auf der Zunge, die Eiswürfel in der Porzellanschale waren mittlerweile fast völlig geschmolzen. Ich verabschiedete mich. Wir würden wegen meines geschäftlichen Angebots voneinander hören und uns ja auch gelegentlich wieder treffen.

Vergnügt stieg ich in mein Auto und fuhr gen Berlin. Nicht einmal die unvermeidliche Tatsache, dass ich mich, nachdem ich vom Weißen Hirsch heruntergefahren war, erst einmal durch den dicksten Dresdener Berufsverkehr schlagen musste, änderte etwas an meiner guten Laune. Nachdem ich zehn Minuten unterwegs war, klingelte mein Handy. Mich beanspruchte gerade ein Riesenstau. Obwohl alles nur Stoßstange an Stoßstange kroch, mussten sich wie immer ein paar Hektiker dazwischen drängeln. Ziemlich abgelenkt schaltete ich nach dem dritten Klingeln die Freisprechanlage an. Sir John war in der Leitung und fragte: »Liebe Frau Seyfert, was machen Sie denn eigentlich am kommenden Wochenende?« Oh? Nun hatte ich für dieses Wochenende schon etliche Termine im Kalender und sagte ihm das emotionslos. Da machte er mir ein Geständnis: »Wissen Sie, Frau Seyfert, in mir ist etwas passiert. Sie haben in mir Gefühle geweckt. Ich würde Sie gerne wieder sehen.«

Oje! Völlig verdutzt über das, was ich da eben zu hören bekommen hatte, verpasste ich erst einmal die nächste Ampelschaltung und provozierte ein wütendes Hupkonzert der hinter mir fahrenden, genervten Autofahrer. Zurückhaltend antwortete ich meinem Kavalier, hier im dicksten Dresdner Feierabendverkehr zu stecken und davon zu sehr beansprucht zu sein, um angemessen mit ihm sprechen zu können. Auf jeden Fall würde ich mich aus Berlin melden. Wann, wie bald, dazu sagte ich vorsichtshalber gar nichts. Freundlich verabschiedeten wir uns zum zweiten Mal an diesem Abend.

Als sich das aktuelle Kreuzungs-Tohuwabohu aufgelöst hatte und der Verkehr endlich flüssig weiterging, sortierte ich meine Gedanken: Also das war ja nun ganz eigenartig. Zuvor hatte er stolz von seiner Familie erzählt, die Wände hingen voller Fotos seiner Lieben, und nun bat mich Sir Noble um ein ganz privates Rendezvous? War das eine momentane Laune dieses Amerikaners? Und außerdem, was sollte ich mit ihm? Mit einem Mann, so viel älter als ich, gebunden.

Eine der Verabredungen des kommenden Wochenendes galt einem viel jüngeren Freund, Rüdiger, den ich noch aus meine Zeit als Choreographin am Friedrichstadtpalast kannte. Er ist Musiker, Saxophonist, und hatte damals für eine meiner Eis-Revuen die Titel arrangiert. Über die Jahre danach trafen wir uns gelegentlich, wir hatten einen guten

Draht zueinander. Inzwischen war Rüdiger verheiratet und auch stolzer Papa. Ich sollte ihn unbedingt besuchen, um mir das Baby anzuschauen. Ich liebe Kinder, und nachdem er mir neulich am Telefon sagte, dass sein Baby mittlerweile ein Jahr alt sei, wurde der Besuch nicht länger aufgeschoben.

Die Familie wohnt in der fünften Etage eines Kreuzberger Mietshauses und hat einen schönen Balkon, von dem man über die Dächer der Stadt blicken kann. Ich war zum Abendessen eingeladen. Als ich kam, wurde mir zuerst das Wichtigste präsentiert: die Tochter, ein heiteres, kleines Wesen mit wunderbar großen Augen. Sie musste dann natürlich ins Bett. Die Frau meines Freundes kümmerte sich um unser Abendbrot, Rüdiger ging zu ihr, ich blieb noch im Kinderzimmer und summte dem kleinen Mädchen ein paar Schlaflieder. Lange hatte ich so etwas nicht mehr gemacht. Dabei konnte ich durch das Kinderzimmerfenster die gegenüberliegende, hell erleuchtete Küche sehen. Die beiden deckten den Tisch. Mein Freund hielt für einen Moment inne und küsste seine Frau auf den Hals. Eine wunderschöne, natürliche Geste, die in mir bittere, brennende Trauer aufsteigen ließ. Warum küsste mich niemand mit solcher heiteren Selbstverständlichkeit?

Es war ein schönes Essen, wir plauderten, beobachteten dabei die Veränderungen des Abendhimmels. Die Silhouette der Kirche gegenüber färbte sich ins Schwarze, der Himmel glühte in immer tieferen Rottönen, bis schließlich das Nachtblau alles wegwischte. Dazwischen brauten sich aufziehende dunkle Wolken zusammen. Es konnte der Stadt nach diesem glühend heißen Tag nur gut tun, doch das erlösende Gewitter ließ noch auf sich warten. Erst als ich mich einige Stunden später von den jungen Leuten verabschiedete, überzog es die Stadt mit Blitz und Donner. Endlich lösten sich die ersten dicken Tropfen aus den Wolken und trommelten mir auf die Karosserie. Und so löste sich endlich auch meine Spannung. Als ich zu Hause in Karow ankam, hatte es dort schon kräftig gegossen. Es roch intensiv nach frischem Gras. Ich sprang in den Pool und war gar nicht so unglücklich, jetzt allein ins Bett zu gehen. So unentschlossen bin ich manchmal, und so zwiespältig ist auch mein Gefühl. Muss ich denn unbedingt und sofort einen Mann finden? Vor ein paar Stunden war ich noch tieftraurig, eifersüchtig auf die Zweisamkeit dieses jungen Paares, und dann bin ich auch wieder ganz zufrieden damit, in Ruhe und allein zu sein.

Montag, der 5. Juli. Es war einer der heißesten Tage dieses Sommers. Unsere Firmenbüros in Birkenwerder besitzen keine Klimaanlage, die gibt es lediglich in der Kantine. Jeder suchte sich seine Strategie, um mit den Temperaturen fertig zu werden: Mineralwasser, Kühltücher, kalte Güsse über die Handgelenke, oder der tapfere Versuch, einfach die Hitze zu ignorieren. Motto: Wer richtig nachdenkt, der spürt auch nicht, wie die Schweißtropfen von der Stirn rinnen. Wenn wir uns schwitzend und schnaufend auf den Gängen begegneten, wurden launige Sprüche gewechselt: Auszuhalten sei es ja überhaupt nur noch in den einigermaßen kühlen Toiletten, schade, dass man dort nur sehr begrenzt seine Zeit verbringen könne ... und so fort. Also schwitzten wir alle weiter vor unseren Computern, und selbst die Pflichtbewusstesten sehnten den Feierabend herbei.

Da klingelte mein Telefon: Sir John Noble begrüßte mich charmant. Ihm ging es darum, mir einen Brief vorzulesen, den er gerade an seinen Freund Burt aufgesetzt habe. Er wollte meine Meinung darüber hören, ob mir seine Beschreibung meiner Person zusagte. Staunend hörte ich zu: ... eine sehr intelligente, aufgeschlossene Frau, mit einer hohen Stirn, wachen, sprühenden Augen, schlanken Fesseln, schönen Brüsten ... und vieles mehr, was mir sehr schmeichelte. So etwas hatte mir lange niemand mehr gesagt. Offenbar hatte mich Sir John während der Stunden auf seiner schönen Terrasse über der Elbe sehr intensiv beobachtet. Und nun nahm er den für seinen Freund bestimmten Brief zum Anlass, mir indirekt mitzuteilen, dass ich ihm gefiel. Eine clevere Konstruktion: Ich bekam die Huldigung vorgetragen, ohne dass Sir John direkt über sich selbst sprechen musste. Letztendlich ging es ihm bei unserem Telefonat darum, mit Nachdruck seine Einladung an mich zu wiederholen: Wann immer ich in Dresden zu tun habe, ich sei auf dem Weißen Hirsch jederzeit willkommen, könne auch gerne über Nacht bleiben, er wisse so viele schöne Plätze in und um Dresden, zu denen er mich führen möchte, zu einem guten Essen, einem romantischen Abend auf einer Weinterrasse und, und, und ... Ich antwortete vage, versicherte ihm aber, dass wir ganz bestimmt in Verbindung bleiben würden.

Nachdem ich den Telefonhörer aufgelegt hatte, überkam mich eine traurige Stimmung: Ja, so ist das, die Männer, die mich wollen, die will ich nicht. Und die Männer, die ich will, die wollen mich nicht. Wie ich da nachdenklich und verschwitzt vor meinem Computer saß, kam mir die kühle Terrasse auf dem Weißen Hirsch in den Sinn: die frischen Erdbeeren auf Eiswürfeln, das hauchdünne Porzellan, der Kaffeeduft. Es bedurfte schon meiner ganzen Disziplin, um den Bürovorgang, den ich da gerade durchging, auch ordentlich abzuschließen.

An diesem Tag habe ich noch mein Ticket für Amerika o.k. gemacht und mit Sheila meine genaue Ankunft verabredet. Wir freuten uns beide auf die gemeinsamen Tage in New York. Es würde bestimmt eine wunderbare Zeit werden.

Vorher war aber noch einiges aus meinem Kalender abzuarbeiten. Zum Beispiel dieser Termin in Leipzig, so wichtig für unsere Firma, dass mein Regionalleiter entschieden hatte, ich solle dabei sein. Natürlich folgte ich der Einladung gern. So eine Präsentation bringt jeweils Film und Vorträge zu einer Branche, Trends eines Industriezweiges oder ähnliches. Bei solchen Gelegenheiten lernt man stets eine Reihe interessanter und auch wichtiger Geschäftsleute der Region kennen, kann Kontakte knüpfen. Gesagt, getan. Üblich ist, dass jeder Eingeladene vom Veranstalter ein kleines Namens-Schildchen mit Angaben zu seiner Funktion und Firma bekommt. Die meisten Gäste tragen es, um Kontakte und Gespräche zu erleichtern. Denn es kennen sich ja eben nicht alle. Mir fiel an diesem Abend ein Mann auf, um die Fünfzig, der kein Schild trug. Daraufhin sprach ich ihn frecherweise an: »Sie tragen kein Schild, muss man Sie kennen?«

Er sagte: »Ich hasse diese Namensanhänger. Irgendwie komme ich mir damit wie eine Gurke mit Preisschild auf dem Markt vor.«

Herr Claus stellte sich mir als Vertreter eines großen Leipziger Computer- und Software-Unternehmens vor. Ich erklärte ihm, was es mit meiner Firma auf sich hatte. Es traf sich ganz gut, weil sein Unternehmen ohnehin in der nächsten Zeit Ausschreibungen machen wollte, die auch unser Dienstleistungsangebot betrafen. Na, das war doch ein guter Anfang. Wir vereinbarten für die darauf folgende Woche einen Termin bei seinem Chef. Der fand dann auch statt. Die beiden zeigten mir die in Frage kommenden neuen Häuser und Räumlichkeiten ihres Unternehmens. In drei Monaten würde die Ausschreibung laufen, an der wir uns beteiligen konnten.

Nachdem wir das Geschäftliche geregelt hatten, lud mich Herr Claus noch zu einem Kegelabend ein, bei dem ich eine Reihe Leipziger Geschäftsleute treffen würde, alles potentielle Kunden von mir, meinte er verschwörerisch lächelnd. Vielleicht ergäbe sich da für mich noch der eine oder andere Kontakt. Warum nicht. Zumal mir dieser Herr Claus durchaus nicht unangenehm war.

Wir gingen also zum Kegeln. Und sprachen zwischen den rollenden Kugeln natürlich nicht nur über geschäftliche Dinge. Ich erzählte unter anderem von meiner Eisshow im Friedrichstadtpalast. Privates berührten wir allerdings beide nicht.

Drei Tage später rief mich Herr Claus im Büro in Birkenwerder an: »Wissen Sie, es ist vielleicht komisch, aber ich habe den Friedrichstadtpalast noch nie von innen gesehen. Können Sie das nicht organisieren, dass wir beide da mal zusammen hingehen?« Wann, sei ihm im Grunde egal. Ich muss gestehen, diese vorsichtige Art der Kontaktaufnahme gefiel mir. Und der Mann auch. Natürlich konnte ich das organisieren. Sofort rief ich im Palast an und bekam umgehend Freikarten für die laufende Show. Als ich Herrn Claus den nahen Termin mitteilte, erwischte ich ihn auf dem falschen Fuß. »Das kommt mir jetzt aber doch etwas ungelegen.«

»Wo liegt das Problem?«

»Rundheraus gesagt: Ich bin derzeit im Begriff,

mich von meiner Freundin zu trennen. Sie ist gerade dabei, ihre Sachen zu packen und auszuziehen. Solange das läuft, möchte ich doch lieber in meiner Wohnung anwesend sein und nicht nach Berlin fahren.«

Hört, hört. Damit wusste ich nun jedenfalls, dass er zwar bislang gebunden, aber demnächst wieder Single sein würde.

Natürlich hatte ich für seine Bedrängnis Verständnis und wir verschoben den Termin. Aber mein Interesse war angestachelt. Da hatte ich durch Zufall einen netten Mann kennen gelernt, der sich durch Zufall gerade von seiner Partnerin trennte. Warum sollte ich diese Zufälle nicht nutzen. Vielleicht, vielleicht. Ein späterer Friedrichstadtpalast-Termin wurde vereinbart. Auf den freuten wir uns nun beide. Was auch immer daraus werden würde.

Trotzdem kümmerte ich mich in den darauf folgenden Tagen noch ein wenig um meine Anzeigen-Geschichten. Ich hatte da mal wieder eine Telefonnummer von der guten Frau Rosenthal bekommen. Es ging um Herrn Paul, von dem ich eigentlich gar nichts wusste, außer dass sie meinte, er würde zu mir passen. Also los.

Wir telefonierten. Herr Paul war 65 Jahre alt und Rentner, Brillenträger, 1,82 groß. Er erzählte mir, dass er seit zwei Jahren im Ruhestand lebe, vorher in irgendeinem Rechenzentrum gearbeitet habe und sich jetzt mit Philosophie und Kunstgeschichte beschäftige. Ich fragte nach Sport. Ja, er habe früher auch mal Tennis gespielt, aber im Moment hatte er Knieprobleme. Er ginge aber in den Fitnessclub. – Auf das Stichwort Club fragte ich ihn, ob er denn schon mal in den DUE-Clubräumen gewesen sei?

»Nein, und ich gehe da ganz bestimmt nicht hin, ich finde es lächerlich, wenn ein Fünfundsechzigjähriger tanzt.«

Oh! Wieso soll ein Fünfundsechzigjähriger nicht mehr tanzen können? Ich hatte meinen Heinz Kühn aus Kanada kennen gelernt, der war siebzig und hat getanzt wie ein Junger ... Lächerlich fand sich dieser Herr Paul also, wenn er sich auf Musik, Bewegung und womöglich die Nähe zu einer Tanzpartnerin einlassen sollte. Wenn jemand so viel Mißtrauen gegen seinen eigenen Körper hegt, so viel Hemmungen mit sich herumschleppt, kann der sich dann überhaupt für den Körper eines anderen Menschen begeistern? Irgendwie hatte ich kein gutes Gefühl.

Ich habe mich trotzdem auf ein Date eingelassen, siebzehn Uhr im »Café Wien«. Eigentlich war mir das ein wenig zu früh. Im Büro fiel im Moment mehr an, als die Urlaubs-Besatzung verkraftete. Herr Paul wollte aber unbedingt mit mir Kaffeetrinken gehen. Wahrscheinlich war es seine Vorstellung von Anstand und Sitte: Eine unbekannte Dame trifft man am Nachmittag.

Wie vermutet war der Termin mit Herrn Paul ein

70

Flop. Er präsentierte sich als das, was er eben war, ein Witwer mit einer längst erwachsenen Tochter: Bedächtige Worte, spärliche Gesten, schütteres Haar, viele Altersflecken auf Gesicht und Händen, ein kleines Bäuchlein. Wir tranken unseren Kaffee unter den neugierigen Blicken der alten Damen an den Nachbartischen. Die sahen allesamt so aus, als pilgerten sie täglich zu ihrer Schwarzwälder-Kirschtorte hierher und wüssten genau, was gespielt wird: ein Anzeigen-Date.

Kurzerhand beschwatzte ich Herrn Paul, doch lieber noch etwas in die Sonne zu gehen. Für frische Luft war er nun auch. Beim Spazierengehen entwarf er mir sein Bild von der Welt. Es hatte ihn wohl doch irritiert, dass ich aus dem Osten der Stadt kam. Anklagend schilderte er mir die unangenehmen Gefühle, die ihn bei seinen – höchst seltenen – Besuchen im Osten erfasst hatten. Diese umständlichen Kontrollen, einmal habe er stundenlang warten müssen, die Schikanen von Seiten der Grenzer ... Du meine Güte, ich habe das Grenzregime nicht gemacht. Aber irgendwie fühlte ich mich bei seiner Rede so, als sei ich für alles, was je in der DDR passierte, komplett verantwortlich. Unbehaglich war mir ...

Ansonsten stellte er sich mir als begeisterter Wanderer vor, der gerne sein Ränzlein schnürte und alleine durch die Bergwelt zog. Aus diesem Grunde hatte er sich auch eine kleine Eigentumswohnung am Tegernsee angeschafft. Sein Plan für den

71

kommenden Sommer sah allerdings vor, sieben Wochen zu Fuß durch Asien zu wandern. Zu Fuß durch Asien ... Vor solchen Leuten stehe ich dann immer ziemlich staunend da. Nicht, dass ich nicht nachvollziehen könnte, dass man eines sportlichen Ehrgeizes wegen seinen Körper malträtiert. Aber zu Fuß durch Asien, das war nun wirklich nicht mein Ding.

Annähern konnten Herr Paul und ich uns eigentlich nur in dem Punkt, dass wir mit den Rosenthalschen Angeboten ziemlich unzufrieden waren. Ihm hatte sie bisher vier Damen angeboten, deren Lebensmittelpunkt in Abonnements in der Oper oder Philharmonie bestand. »Aber«, sagte er mit verzweifeltem Augenaufschlag, »ich habe doch extra angegeben, dass ich Musical-Fan bin!«

Nachdem wir unsere Runde zurück zum »Café Wien« gedreht hatten, wo ja mein Auto stand, erklärten wir uns ganz sachlich, dass unser beider Interessen ziemlich schwer vereinbar seien. Eitel war er aber doch, denn ganz zum Schluss fragte er mich, ob es nicht trotzdem für mich ein netter Nachmittag war. Ich ließ ihn in dem Glauben.

Und hielt mich unverdrossen an Frau Rosenthal. Sie hatte wieder einmal zwei recht nette Anzeigentexte geschaltet, ich würde mir die Telefonnummern geben lassen.

Überhaupt, diese Annoncen-Texte, manche Formulierung ist da schon verblüffend:

Alte Ratte (42) sucht Kuschelmaus ab 30 für
gemeinsames Katerfrühstück

oder

Lieber ab und zu mal richtig als immer zu Hau-
se gar nicht. Welche Frau, gerne älter, denkt
ebenso und hat Lust mit einem Mann Mitte
Fünfzig bei absoluter Diskretion eine Beziehung
aufzunehmen.

Naja, das war wohl nicht so das Richtige. Aber hier:

Er, 49, 1,83, schlank, in leitender Position, sucht
Sie nicht nur für einen Sommer, mit Lust auf
Reisen, zärtliche Stunden zu zweit, gutes Essen
und Trinken, Gespräche, Natur.
Ich freue mich auf Ihre Bildzuschrift.

Also bitte, so viele Angebote, warum sollte ausgerechnet bei mir alles nicht funktionieren. Andere
finden ja auch ihr Glück. Verona Feldbusch, wie ich
heute gerade in der Zeitung las, hat einen stinkrei-
chen Milliardär gefunden. Und wie wäre es mit dem
hier?

Ein mittelständischer Unternehmer, 50, 1,80,
ein unverbesserlicher Romantiker, gestandenes
Mannsbild und doch sensibel, gefühlvoll, möch-
te über die Worthülsen ›Liebe‹ und ›gute Bezie-

hung‹ nicht nur diskutieren, sondern sie mit dir gemeinsam mit Leben erfüllen. Er liebt alles Schöne, genießt gern; eine Frau wieder zu verwöhnen wäre sein Wunsch. Der finanzielle Rahmen zur Gestaltung einer von Zuverlässigkeit und Treue geprägten gemeinsamen Zukunft ist vorhanden.

Frau Rosenthal machte ein Problem daraus: »Ja, da muss ich ihnen etwas dazu sagen, da hat eine Dame schon mal angerufen, und es war eine Frau am Telefon. Ich gebe Ihnen mal die Handy-Nummer. Er heißt Wolfgang.«

Herr Wolfgang konnte sich zu Beginn unseres Telefonates nicht daran erinnern, jemals etwas mit einer Frau Rosenthal zu tun gehabt zu haben. Aber der DUE-Club sagte ihm etwas. In herrscherischem Ton fragte er mich, wie alt ich denn sei. Ich gab ehrlich Antwort und fragte, ob wir uns treffen wollten. Doch Herr Wolfgang zog es vor, mich weiter abzufragen. Unser Telefonat glich eher einem Schlagabtausch als einem Dialog und endete folgendermaßen: »Sind Sie Raucherin?«

»Ja.«

»Das ist schlecht.«

»Aber es stand nicht in Ihrer Annonce, dass Sie nur Nichtraucherinnen suchen.«

»Wieviel rauchen Sie denn?«

Es reichte. Sachlich reagierte ich mit der Feststellung, dass wir es vielleicht doch mit diesem

Treffen besser bleiben lassen sollten. Kaum hatte ich meinen Satz ausgesprochen, knackte es in der Leitung. Der Herr hatte aufgelegt. Nicht einmal ein simples »Guten Tag« hatte dieser angeblich sehr sensible Mann und unverbesserliche Romantiker, der eine Frau wieder verwöhnen wollte, noch für mich übrig. Ich musste herzhaft lachen.

Frau Rosenthal hatte noch einen Mann in Führungsposition mit sportlicher Figur und männlicher Erscheinung auf Lager,

> *der für seine Traumfrau durchs Feuer gehen wollte, eine enorme Ausstrahlung besitze, Feingefühl, zupackt, wo er kann, sehr großzügig ist, ein Herz für Kinder ...*

Das Problem: Dieser wundervolle Mensch möchte nicht angerufen werden. Also soll sie ihm meine Handy-Nummer geben. Und dann hatten wir noch den

> *Dr. med., mit großer Praxis, männlich, gesellig und sehr sympathisch, erfolgreich und feinfühlig, aktiv und gern zu Hause, Ende Fünfzig.*

Das heißt natürlich: er ist einundsechzig Jahre alt. Ich habe nämlich Frau Rosenthal gesagt, dass sie mir das Alter ihrer Klienten bitte pur sagen soll. Es bringt doch nichts, wenn sie mir ›ältere Herren‹

präsentiert, mit denen ich dann doch nichts anfangen kann. Etwas merkwürdig erschien mir in seiner Anzeige die Kombination von ›gesellig‹ und ›gern zu Hause‹. Aber wer weiß, was die Rosenthal da wieder im Text gemixt hatte. Ich werde den Herrn Dr. med. anrufen.

Es klappte sofort: Eine angenehme Stimme, in der allerdings leichte Hektik mitschwang. Überhaupt habe er im Grunde keine Zeit und wisse auch nicht, wann er jemals welche hätte. Ein toller Einstieg. Ein bisschen neugierig war der Herr Doktor Friedrich dann aber doch auf mich. Jedenfalls ließ er sich lang und breit von mir erklären, was für ein Mensch ich sei, was ich beruflich mache, welche Sportarten ich bevorzuge ... Aber verabreden wollte er sich nicht. Er würde sich melden, demnächst.

Damit waren die potentiellen Bewerber von Frau Rosenthal abgearbeitet. Von meinen Annoncen-Briefen hatte ich noch gar nichts gehört. Irgendwie verging mir langsam die Lust an der Geschichte. Zwar hatte ich gelegentlich in den Zeitungen geblättert, in Frage kommende Texte brav aufgeklebt, mit dem jeweiligen Datum versehen. Aber da kleben sie immer noch. Schließlich waren vor dem Urlaub noch eine Menge Dienstreisen zu absolvieren. An freien Abenden spielte ich Tennis, meistens mit Georg, einem Bekannten vom Tennisplatz. Ein freundlicher Ingenieur, den man im Frühjahr in die Arbeitslosigkeit geschickt hatte. Seine Frau ist Leh-

76

rerin und hat immer viel zu tun. Weil Georg zu Hause die Decke auf den Kopf fiel, freute er sich selbst dann, wenn ich ihn sehr kurzfristig zum Sport einlud. Bei meiner hektischen Lebensweise ist ein solcher Tennispartner natürlich gut.

Am Wochenende war es heiß. Ich machte ein bisschen meinen Pool sauber, wässerte den Rasen und verspürte nicht die geringste Lust, neue »amouröse Abenteuer« zu suchen und vielleicht auch zu finden. Aber schon am Montagabend drehte sich das Kandidaten-Karussell weiter: Herr Peter trat auf den Plan, jener ›gut situierte Unternehmer‹, der mit einer ›lieb-frechen‹ Partnerin den Alltag meistern wollte. Montag habe er Ruhetag, er sei nämlich Gastronom. Was für ein Verhältnis ich zu diesem Berufsstand hätte?

Nanu? »Das beste, nur das beste«, versicherte ich ihm ironisch. Von der Sache her stimmte das ja auch. Schließlich gehe ich gerne in gute Restaurants zum Essen. Und mir ist schon klar, dass die Atmosphäre dort nicht allein von den Künsten des Koches, sondern von einer perfekten Regie abhängt. Was nützt mir das auf den Punkt medium gegrillte Steak, wenn es mir der Kellner auf einem vom vielen Spülen glanzlosen Teller unhöflich auf eine geschmacklose oder womöglich sogar fleckige Tischdecke knallt und nicht daran denkt, mir Salz- und Pfefferstreuer ohne weitere Aufforderung zu bringen. Auf so etwas muss jeder Restaurantchef

nicht nur *ein* Auge haben. Trotzdem fand ich Herrn
Peters Frage leicht merkwürdig. War er so sehr
Gastronom, dass man seinen Beruf lieben musste,
um ihn lieben zu können?

Jedenfalls fragte er an, ob ich nicht Lust hätte,
ihn in seinem Lokal im Süden von Berlin zu besuchen? Es läge zwar ziemlich weit draußen, noch hinter Königs-Wusterhausen, dafür nur fünf Automi-
nuten von einem der klarsten und unbekanntesten
Badeseen des Berliner Umlandes entfernt. »Kommen Sie gleich morgens, da ist es hier bei uns noch
herrlich kühl, und außerdem bin ich da noch nicht
vom Mittagsgeschäft abgelenkt. Abgemacht?
›Peter's Loggia‹ heißt mein Lokal. Kennt jeder am
Ort.« Warum nicht, Königs-Wusterhausen lag nun
zwar aus meiner Karower Perspektive gesehen am
anderen Ende der Berliner Welt. Dafür gefiel mir
zur Abwechslung ein Date im Grünen recht gut.
Ein Wochenende hatte ich noch frei, bevor ich
mich Anfang August ›gen New York‹ aufmachen
wollte. »Also abgemacht!«

Als ich am Sonntag gegen zehn in der kleinen brandenburgischen Datschensiedlung über den ersten
besten Gartenzaun hinweg eine etwas mürrische,
ältere Frau nach »Peter's Loggia« fragte, bekam ich
sofort eine präzise Wegbeschreibung und ein uner-
wartetes Lächeln obendrein. Offenbar hatte der
Gastronom hier wirklich einen guten Ruf. Ziemlich gespannt bog ich zum Forellenweg ein, und da

sah ich schon das angekündigte Wirtshausschild mit der Wernesgrüner-Bier-Reklame. Ein wenig verdutzt blieb ich dann doch stehen: »Peter's Loggia« bestand auf den ersten Blick wirklich nur aus einer Loggia an einem mittelgroßen Bungalow, es war ein kleines, etwas improvisiert wirkendes Gartenlokal unter schönen alten Erlen.

Wirt Peter hatte wohl meine Autoreifen auf dem Kies knirschen gehört, denn er kam mir eilends auf dem Weg zur Pforte entgegen, ein großes kräftiges Mannsbild in Jeans und fetzigem weißem T-Shirt. Sonnenbraun, die wenigen Haare sträubten sich zu einem millimeterkurzen Igel, was ihn jung und sportlich wirken ließ. Allerdings sah es leicht komisch aus, dass sich dieser Bären-Typ ein rotkariertes Küchenhandtuch als Schürze um den Hosenbund gewunden hatte.

»Willkommen, ich bin gerade beim Abwaschen, gestern ging's hier hoch her«, rief er mir schon von weitem zu. Auf den letzten Schritten zu mir hin stockte er allerdings merklich: »Frau Seyfert, *die* Gaby Seyfert? Ach du lieber Himmel.« Das karierte Handtuch verschwand blitzschnell, verlegen führte er mich zu einem liebevoll gedeckten Frühstückstisch und stürzte davon. »Ich hole mal eben den Kaffee.« Angesichts von Brötchenkorb, gelber Landbutter, Eierwärmern und einer Schüssel frisch gepflückter Kirschen bekam ich richtig Appetit, wirklich, ein netter Empfang.

Als Herr Peter mit der Thermoskanne zurückkehrte, konnte er schon wieder grienen. »Sie haben mich aber ganz schön überrascht. Seyfert ist ja nun kein ganz seltener Name. Warum haben Sie mir denn nicht am Telefon gesagt, dass Sie die Eisprinzessin sind, Natalie, wissen Sie noch! Und wie Sie immer gegen diese furchtbar dünne Amerikanerin kämpfen mussten. Sie sind viel schöner gelaufen! – Aber jetzt frühstücken wir erst einmal, Sie können's gebrauchen.« Letzteres sagte er mit einem schrägen Seitenblick auf meine Taille so entsetzt, dass ich vergnügt lachte. Irgendwie kam ich mir vor, als hätte ich einen uralten Kumpel aus Schulzeiten wieder getroffen, mit dem ich zwar nicht Pferde gestohlen, aber heimlich auf dem Schulhof geraucht hatte und der mich immer in Mathe abschreiben ließ.

Wirt Peter freute sich sichtlich, mich bewirten zu können. Er erzählte mir, wie er sich nach 1991 dieses kleine Lokal tatsächlich aus seiner eigenen Datsche ausgebaut hatte: nach vorn die überdachte Loggia, nach hinten einen Küchentrakt samt Gästetoiletten, immer ein Stück und noch ein Stück. Dass er »Peter's Loggia« allein mit einer Küchenhilfe, nur während der Sommersaison mit einer zusätzlichen Bedienung bewirtschafte. Anfangs habe seine Frau hier mitgewirbelt, die verstand ja etwas von der Gastronomie, sie hatte eines der Restaurants im »Palast der Republik« geführt. Er dagegen, Elektronikingenieur in einem Betrieb, den die Treuhand allerschnellstens abwickelte, konnte zwar prima

Rostbrätel grillen, verstand damals aber nicht das mindeste von Großmärkten, Lagerhaltung, Buchführung ... Aber niemand brauchte in Berlin einen Elektronikingenieur von 45 Jahren. Also blieb ihm nur die Arbeitslosigkeit. Dann hatte man ihm eine ABM angeboten, in irgendeinem Archiv, wo er alte Akten sortieren und Listen davon anfertigen sollte. Nichts für ihn! Dann wurde ihr Wohnhaus in Mitte an den Alteigentümer zurückgegeben, dann erhöhte der die Miete und kündigte eine komplette Sanierung an. Dann zogen immer mehr von den Datschenachbarn für ständig in die Siedlung hinaus, machten die Häuser winterfest. Wer genug Geld hatte, baute neu. Dann wurde der »Palast der Republik« zugesperrt, seine Frau arbeitslos. Vollkommen verzweifelt hatte sie ihn gefragt, ob es nicht gescheiter wäre, die Rucksäcke zu packen und freiwillig unter eine Spreebrücke zu ziehen. Dann müsse man schließlich nicht mehr länger Angst haben davor, alles zu verlieren. Mit den Rucksäcken waren sie als junges Paar durchs bulgarische Pirin-Gebirge und durch die Hohe Tatra gewandert. Es hingen die besten Erinnerungen daran. – Natürlich bissen sie beide die Zähne zusammen und versuchten, sich zur Wehr zu setzten, bewarben sich auf Dutzende Zeitungsannoncen, fragten im Arbeitsamt nach ... Jedenfalls konnten sie irgendwann beide die grellorangefarbenen Plaste-Schalensitze auf dem Arbeitsamt nicht mehr sehen. Es musste irgendetwas passieren. Seine Frau fing draußen in der Siedlung mit einem kleinen Sommerausschank an, nur Imbiß. Dann erkundigten sich die Gartennachbarn, ob Peter nicht sonntags Mittagstisch machen könnte, er hätte doch früher immer so prima für alle gegrillt. Dann kamen Badegäste und wollten ordentlich Abendbrot essen. Dann fragten die ersten LKW-Fahrer, die auf der nahen Fernverkehrsstraße vorbeikamen, nach Frühstück. Eins ergab das andere. Er hätte angebaut und umgebaut, seine Frau das Lokal bewirtschaftet. Viel Arbeit, viel zuviel. Aber immerhin, sie konnten vom Umsatz ordentlich leben. Die Nachbarn wie die Fremden kamen gern in »Peter's Loggia«. Seine Frau träumte nicht mehr jede Nacht diese schrecklichen Alpträume. Dann sei sie plötzlich krank geworden, Krebs, und Weihnachten vor zwei Jahren gestorben. Irgendwie musste es trotzdem weitergehen.

Ich hörte still zu. Wirt Peter philosophierte über den Sinn dieser ganzen Mühen: »Damals, als wir aus unseren Berufen, aus der Stadtwohnung, aus allem Gewohnten herausgedrängt, als uns alle normalen Zukunftserwartungen durchkreuzt wurden, da dachten wir, es ist fast nicht auszuhalten. Aber es gab noch etwas anderes dabei: Unser bisheriger Alltag, die Gewohnheiten, die Routine wurden abgelegt. Wir mussten ganz unerwartete Dinge tun. Das führte zu neuen Einsichten. Wir waren jetzt hier draußen in unserer Siedlung wichtig für die Leute, egal, ob einer seinen 50. Geburtstag bei mir ausrichtet und ich ihm faire Preise mache, so dass er wirklich alle seine Freunde einladen kann, oder ob jemand hier einfach gern herkommt, weil ihm der Platz neben den Teerosen am besten gefällt und er sicher sein kann, dass ich immer seine Sorte ungarischen Lindenblättrigen im Keller habe. Apropos, ich komme sofort wieder.«

Bisher saß nur eine Großmutter mit ihren drei Enkeln unter einem der großen Sonnenschirme im Garten. Mit Begeisterung löffelten die drei ihre überdimensionierten Eisbecher, vielleicht eine Geburtstagsrunde. Die wenigen Gäste bediente eine junge Frau, die danach wieder in der Küche verschwand. Jetzt kam ein älterer Herr mit einem dicken Zeitungspaket unterm Arm gemütlich durch den Vorgarten herauf und setzte sich an die Teerosen-Rabatte. Wirt Peter servierte ihm, ohne nachzufragen, eine Karaffe Weißwein und stellte einen großen weißen Porzellanaschenbecher bereit. Der Ältere nickte ihm zu, zog ein kleines braunes Säckchen samt Tabak hervor und begann zwei Pfeifen zu stopfen.

»Es ist die gleiche Prozedur, jeden Sonntagvormittag. Früher war der Mann mal verantwortlich für dreitausend Mitarbeiter im Werk für …«, Herr Peter winkte ab. »Wir sind hier draußen alle nicht geblieben, was wir einst waren. Aber trotzdem ist jeder wer. Wir respektieren uns und können dabei auf andere Art souverän leben. Ich jedenfalls fühle mich wohl.« Eine Pause entstand. »Nur möchte ich eben gerne wieder eine Frau an meiner Seite haben.«

Herr Peter sagte das so, als sollte ich ihm dabei helfen, eine Frau ausfindig zu machen, käme aber selbst überhaupt nicht in Betracht. So erzählte er mir spitzbübisch lächelnd, dass die Sache mit der Küchenschürze und dem Abwasch ein Test von ihm sei. Er habe schon mehrfach auf Anzeigen geschrieben, sich in Berlin, immer montags, mit verschiedenen Frauen getroffen. Anfänglich sah das meist gar nicht so schlecht aus. Wenn er sie dann hierher einlud, ging die Sache schief. Als er jetzt selbst eine Anzeige in die Zeitung setzte, habe er sich vorgenommen, zukünftige Kandidatinnen ohne lange Vorrede ins Lokal einzuladen, richtig während des laufenden Betriebes. Jede sollte sofort sehen, worauf sie sich hier einließ und dass sie sich unweigerlich einfügen müsse. Der Wirt sei nur im Doppelpack mit seiner Loggia zu haben. Er lebe mit seinem Lokal zusammen, 24 Stunden am Tag. Eine Frau müsse das nicht nur höflich akzeptieren, sondern ehrlichen Herzens gut und richtig finden. Ansonsten funktioniere die Partnerschaft nicht. Wirtschaftlich gehe es ihm inzwischen recht gut, aber die Belastungen blieben. Sicher, im Winter könne man auch einmal zwei, drei Wochen den Laden dicht machen und in die Berge oder sonstwohin reisen, das halten die Stammgäste schon aus. Aber ansonsten. Deswegen der Test: Wer nicht gleich vor einem Mann mit Geschirrhandtuch um den Bauch flüchtete, sondern sich womöglich selbst ein Handtuch geben lasse, um beim Abwasch zu helfen, der werde umgehend mit einem feinen Frühstück und wirklich frischen Hühnereiern, nämlich von der Nachbarin zur Linken, belohnt. – Ich lächelte. Mir hatte Herr Peter sein Geschirrhandtuch gar nicht erst angeboten. Aber ehrlich gesagt konnte ich mir auch nicht vorstellen, zukünftig täglich außer montags »Peter's Loggia« zu schmeißen.

Die ersten Mittagsgäste machten es sich an den Gartentischen bequem. Die Küchenhilfe kümmerte sich, brachte schon mal die Speisekarten und fragte nach Getränkewünschen, warf aber einen hilfesuchenden Blick zum Wirt. Er wurde jetzt gebraucht.

»Ja dann«, sagte ich.

Bedauernd schaute er mich an. Aber er wurde wirklich gebraucht. Rasch zeichnete er mir noch eine kleine Wegeskizze für die Fahrt zur Badestelle auf, dann begleitete er mich zum Gartentor. Beim Abschied nahm er mich ganz vorsichtig und leicht in den Arm: »Alles Gute, Eisprinzessin.« Leise und bedauernd klangen seine Abschiedsworte. Dann kehrte er eilig zu seinen wartenden Gästen zurück.

Der See war wirklich glasklar und die Badestelle für einen Sonntag im Juli wunderbar menschenleer. Ich glaube, ich bin eine ganze Stunde lang meine Runden geschwommen. Geschichten gibt es …

Glücklich in New York

Voller Vorfreude auf meine Sheila fuhr ich am 1. August nach Berlin-Tegel hinaus und stieg ins Transatlantik-Flugzeug: New York, ich komme! Wie würde mir die Riesenstadt dieses Mal gefallen, was würde sie mir bringen? Von den kurzen Stippvisiten während meiner Schaulauf-Tourneen eingangs der siebziger Jahre hatte ich nur ziemlich blasse Eindrücke von der Stadt zurückbehalten. Seither war viel Wasser den Hudson und den East River heruntergeflossen, da würde für mich jetzt auf jeden Fall alles aufregend und ziemlich neu sein.

In Tegel blieben in der Maschine etliche Sitzplätze leer. Erst beim Zwischenstop in Mailand füllten sich die Reihen, und ich bekam eine Nachbarin. Wie sich bald herausstellte, eine New Yorkerin. Wir waren ungefähr im gleichen Alter und uns gegenseitig nicht unsympathisch, so dass wir uns bald in ein Gespräch verwickelten. Eine gute Gelegenheit, mein Englisch zu aktivieren. Nach dem ersten Woher und Wohin, bei dem ich erzählte, wie riesig ich mich auf meine in New York arbeitende Tochter freute, formten sich die Sätze immer flüssiger. Erstaunlich, was da alles an Vokabeln und Satzkonstruktionen zum Vorschein kam. Für einen Moment erinnerte ich mich an die vielen schweißtreibenden Sprachkabinett-Stunden meiner Studentenjahre an der Leipziger Universität. Und an die Dozenten Barbara und David, unsere britischen Native-Speaker, also ›Muttersprachler‹, die uns den deutschen Akzent aus ihrer Muttersprache bügeln sollten. Studienaufenhalte in Oxford oder Cambridge, wo man unter Briten Englisch lernen und seinen Akzent abschleifen konnte, kamen ja damals für uns Dolmetscher-Studenten nicht in Frage. Jetzt, im Flugzeug nach New York, bekam ich es natürlich mit schönstem amerikanischen Slang zu tun. Das ist etwas anderes als unser feines Oxford-English. Beim Plausch mit der Frau im Nachbarsessel begann ich mich einzuhören. Sie selbst war in New York geboren, hatte aber von ihren Großeltern, Auswanderern aus Neapel, eine italienische Ader mitbekommen. Also besuchte sie alljährlich den heimischen Familienzweig und war noch ganz voll von den Sorgen ihrer Leute aus der Umgebung von Mailand. Je weiter unser kleines Flugzeug dann auf der Passagierkabinen-Bildschirmgrafik über den Atlantik rückte, desto intensiver erzählte sie mir von New York. Unbedingt sollte ich mir The Cloisters ansehen, ein echtes mittelalterliches französisches Kloster ganz im Norden Manhattans, einfach mit dem Bus Nummer Vier von der Madison Avenue gen Norden. Dieses Kloster sei keine Kopie oder so etwas, nein, nur echte Kreuzgänge, Gewölbe, Fenster, Brunnen aus dem 12. bis 15. Jahrhundert, das Ganze gehöre zum Metropolitain Museum of Art. John Rockefeller junior habe das alles so um 1935 herum in der Alten Welt zusammengekauft und von Kontinent zu Kontinent verschifft. Dort wurde es dann stilvoll wieder zusammengesetzt. Sehr sehenswert! – Das ist Amerika: Kraft seines Geldes schaffte es ein Mann, den Franzosen ihre jahrhundertealte Kultur abzunehmen und in riesigen Gesteinskisten über den Ozean zu holen. Der Dollar gegen Zeit und Raum ... Meine Sesselnachbarin zählte weiter auf, was ich mir ihrer Meinung nach in New York nicht entgehen lassen sollte: den Wintergarten im World Financial Center, dort könne man morgens unter Palmen herrlich frühstücken und befände sich dabei in der Nachbarschaft des ganz großen Geldes. Das World Trade Center mit den berühmten Doppeltürmen müsse ich sehen, diese schwarze Pyramide vom IBM-Building. Und natürlich die Brooklyn Bridge, die übrigens ein Deutscher gebaut hätte, und, und, und.

Auf so einem Zehn-Stunden-Flug kommt man sich näher. Wir hatten schon festgestellt, dass wir beide allein lebten. Beim Campari-Orange nach dem Abendessen deutete ich kühn meine Hoffnung an, vielleicht bei diesem New York-Urlaub einen Mann fürs Leben kennenzulernen. Meine New Yorkerin

88

schüttelte ungläubig den Kopf und versuchte, mir das auszureden. Ob ich nicht dieses Buch gelesen hätte, in dem klipp und klar stand, dass in New York eine Frau um die Vierzig statistisch gesehen eher die Chance hat, von einem Tiger gefressen zu werden als einen Ehemann zu finden? Sie jedenfalls könne der Autorin nur zustimmen: exactly so sei es, my Dear. Sie lebe schließlich auch als Single und fühle sich in dieser Rolle recht wohl. Ich wurde doch etwas kleinmütig.

Immerhin, was die gute Frau nicht wusste, war die Tatsache, dass ich schon ein Date vorbereitet hatte: meine Verabredung mit Mister Burt. Ein paar Tage bevor ich abflog, war ein Anruf von Sir John gekommen. Sein »Hallo Gaby« klang dabei eine Spur wehmütig, denn sein Freund Burt ließ übermitteln, dass er mich unbedingt treffen wolle. Jener Burt lebte an der Ostküste, in Muncy Pennsylvania, hatte aber häufig geschäftlich in New York zu tun. Er wollte es so einrichten, dass er in der zweiten Augustwoche dort mit mir zusammentreffen konnte. Ich notierte mir die Pennsylvania-Handy-Nummer, alles weitere wollten wir an Ort und Stelle regeln. Obwohl diese Verabredung ziemlich geschäftsmäßig ablief, war ich doch sehr gespannt, was da in der zweiten Augustwoche auf mich zukommen sollte.

Meine couragierte Nachbarin im Flugzeug ließ sich unterdessen weiter über die Männer aus. Wenn man überhaupt mit ihnen Umgang pflege, dann solle man sich vor jeglicher Emotion hüten, sonst führe das Ganze mit Sicherheit zu nervenaufreibendem Dauerstress oder in eine hübsche kleine Katastrophe. Männer funktionieren nun einmal anders, lösen ihre Probleme anders und meistens viel erfolgreicher als wir Frauen. Hhm, was die Katastrophen betraf, da konnte ich mitreden. Trotzdem verspürte ich im Flugzeug über dem Atlantik, zwei Stunden vor New York, keinerlei Lust mehr, über weibliche Strategien zu diskutieren. Also beschlossen wir, das Licht über unseren Sesseln zu löschen und noch ein wenig zu schlafen.

So ein Trubel. Glücklicherweise wartete Sheila tatsächlich am richtigen Ankunftsterminal und bugsierte mich durch die endlosen Hallen und Laufbänder zum Taxistand. Müde und benommen wie ich war, ließ ich mich von meinem erwachsenen Kind gerne bemuttern. Irgenwie schaffte sie es, dass wir ziemlich zügig nach Greenwich Village gelangten. Dort würde ich wohnen, im Appartement von Jirina, einer Belgierin, die seit vielen Jahren in New York lebt. Jirina kannte ich von meinem Sport her. Sie organisiert Eislaufveranstaltungen, Shows, und so trafen wir uns 1989 bei den ersten Profi-Meisterschaften der Eiskunstläufer in Moskau. Mich hatte damals der berühmte amerikanische Läufer Dick Button als Preisrichterin eingeladen. Dieser Profi-Wettbewerb war schon eine kuriose Idee, mehr Show als ernsthafter Leistungsvergleich. Aber lustig, weil ich viele alte Bekannte wieder sah: Man stelle sich vor: Gemeinsam mit Beatrix Schuba und Irina Rodnina verteilte ich zum ersten und letzten Mal im Leben selbst Eislauf-Noten. Und meine alte Konkurrentin Peggy Fleming kommentierte das Ganze fürs amerikanische Fernsehen. Es wurde viel gelacht. Die Belgierin Jirina und ich hatten uns während dieser Moskauer Tage mehrfach nett unterhalten und wir versprachen uns, dass wir uns bestimmt irgendwann einmal wieder sehen würden. Ab und zu schickten wir einander witzige Kartengrüße. Als ich nun in diesem Frühjahr meine Reise-Pläne schmiedete, wollte ich mich bei ihr eigentlich nur nach einer günstigen Übernachtungsmöglichkeit erkundigen, nach irgendeiner preiswerten Pension. Denn Sheilas Unterkunft, die sie sich mit jenem Berliner Schulfreund teilte, war so winzig, dass ich dort beim besten Willen nicht für vierzehn Tage unterkommen konnte. Als Jirina meine Terminvorstellungen hörte, sagte sie sofort: »Gaby, das ist überhaupt kein Problem, genau in dieser Zeit fahre ich zu meinen Eltern nach Belgien. Du kannst mein Appartement benutzen. Du musst nur meine Katze füttern. Okay?« Herrlich, so unkompliziert sind die Amerikaner eben. Da hatte ich also Glück – und sogar eine Katze ...

Greenwich Village also, ich fühlte mich sofort ganz heimisch. Die Straßen sind dort wie sonst nirgend-

91

wo in New York, krumm und schräg, denn das Village war ursprünglich die Sommerfrische der New Yorker, wo die ersten Häuser an kleinen Trampelpfaden über die grünen Wiesen verstreut lagen. Auch wenn die ganze Stadt, oder sagen wir besser Manhattan, das Herz von New York, ganz streng im rechtwinkeligen Straßennetz gebaut wurde, kann man im Village durch verwinkelte, baumbestandene Gassen bummeln. Künstler leben hier, es gibt auch schicke kleine Geschäfte. Und eine ausgeprägte Homosexuellen-Szene. Die berühmte »Christopher Street« verläuft nebenan.

Jirina hatte mich vorgewarnt, dass ihr Appartement winzig und ziemlich vollgestellt sei. Bei ihrem Normaleinkommen blieb ihr eben nur die Wahl zwischen einer mietgünstigeren und geräumigeren Vorstadt-Bleibe oder einer Mini-Wohnung im teuren Zentrum. Sie hatte beschlossen, lieber dort zu wohnen, wo auch abends noch etwas los ist, und sich dafür eben räumlich zu bescheiden. Und so wohnte auch ich in diesen vierzehn Tagen ›mittendrin‹.

Jirina hatte mir auch den Tip gegeben, mich erst einmal in einen der Stadtbesichtigungsbusse der New Yorker »Apple Tours« zu setzen und mir einen Überblick zu verschaffen. Diese im regelmäßigen Takt fahrenden roten Busse haben den Vorteil, dass man nur einmal ein Ticket löst, dann an jedem beliebigen Bus-Stop so lange bleiben kann, wie man möchte, um später mit einem nächsten Bus der gleichen Tour weiterzufahren: Hop-on, hop-off, as often as you like. So machte ich es auch.

Sheila musste natürlich auch während der Zeit meines Besuches tagsüber in ihrer Werbeagentur arbeiten. Trotzdem hatte ich bei meinen ersten Erkundungs-Touren eine nette Begleitung: David, ein Freund Sheilas aus Berliner Tagen, der oft auch bei uns draußen in Karow zu Gast gewesen war. Zufällig kam auch er gerade nach New York. Der junge Mann leistete sich nämlich hin und wieder das Vergnügen, zum Sommer- oder Winterschlussverkauf nach New York zum Shopping zu fliegen. Das klingt ein wenig versnobt, aber David schwört darauf, dass es sich lohne, dass er bei diesen Großeinkäufen Marken-Qualität zu Tiefstpreisen bekäme. Mittlerweile hat er in New York etliche Freunde, bei denen er wohnen kann, und kennt das Stadtzentrum gut. Mir zuliebe fuhr David zwei Tage lang die Sightseeingtour mit. Da saßen wir also auf dem Oberdeck der roten »Apple Tour«-Busse, ließen uns die Sonne aufs Haupt scheinen, der junge Berliner zeigte mir ›sein‹ New York von oben und würzte die Erklärungen mit Anekdoten über erfolgreiche Fischzüge durch die New Yorker Einkaufstempel.

Nach der Bus-Rundtour sah ich einigermaßen durch und bin dann täglich zu Fuß fast fünf Stunden gelaufen, oder ich habe New York auf meinen Rollerblades durchrollt. Faszinierend. Ich glaube, dass ich mich jetzt in Manhattan halbwegs auskenne und überhaupt einiges über New York weiß. Der feuchtheiße Sommer in dieser Stadt, vor dem alle Reisehandbücher warnen, konnte mir dabei wenig anhaben, er war nicht heißer als in Berlin. Und mich drängte nichts, ich konnte gehen, wohin ich wollte, anhalten, wo ich wollte. Sicher, manchmal suchte ich mir auch nur eine schattige Parkbank oder einen Kaffeehaustisch und schmökerte. Im Flughafen Tegel hatte ich mir in letzter Minute von einem Presse-Laden noch irgendetwas zum Lesen geholt und ziemlich wahllos in den Buchständer gegriffen. Kurioserweise stellte sich dieses Buch als genau die richtige Reiselektüre heraus: Alex Shaerer »Glücklich verheirateter Mann sucht Affäre.« Eine witzige Story: Ein Mann Mitte Vierzig, der solide und gar nicht unglücklich verheiratet ist, meint plötzlich, dass ihm im Leben etwas entgangen sei. Er hatte nämlich seine Jugendliebe geheiratet und niemals mit einer anderen Frau betrogen. Jetzt fällt ihm auf, dass es doch nicht sein kann, im Leben immer nur mit ein und derselben Frau geschlafen zu haben. Also fängt er an, Partner-Anzeigen aufzugeben: »Glücklich verheirateter Mann sucht Affäre.« Und ihm passiert unheimlich viel. Zum Höhepunkt gerät er an drei Frauen, die ihn in ein Hotelzimmer locken, im Dunkeln ausziehen, was bei ihm die schönsten Phantasien weckt. Aber aus der heißen Liebesnacht zu viert wird nichts. Die drei Mädels pinseln ihr Opfer von oben bis unten mit Leim ein und bestreuen den

Mann anschließend rundum mit Bettfedern. Am Ende steht er wie ein überdimensionierter Hahn, ohne seine Kleider da. Die Frauen erklären ihm höhnisch, so erginge es Männern, die ihre Frau betrügen wollten und das auch noch in einer Annonce unverfroren ankündigten ... Die Abenteuer dieses amerikanischen Don Juan lasen sich wirklich amüsant. Leider war meine Berliner Annoncen-Realität weit davon entfernt, auch nur halb so aufregend oder lustig zu sein. Aber vielleicht kamen ja noch die großen Abenteuer? Mein Handy hatte ich zu Hause gelassen, aber vor dem Abflug noch einige Briefe geschrieben. Mal sehen, was nach dem Urlaub zu Hause auf mich zukommen würde.

Noch drehte ich neugierig und unternehmungslustig Tag für Tag meine Runden durch New York, dort, wo es am schönsten ist. Im »Guggenheim Museum« beispielsweise mit seiner originellen Achitektur: Der Besucher wandert darin wie in einem riesigen Schneckenhaus aus Beton aufwärts an Gemälden und Plastiken vorbei. Einen wunderschönen Vormittag lang schlenderte ich auch durch »The Frick Collection« in der 70th Street, nahe Lexington Avenue. Es handelt sich dabei um das Privathaus eines Amerikaners namens Henry Clay Frick, der Zeit seines Lebens mit Geschmack, Kunstsinn und natürlich viel, viel Geld europäische Kunst von Rang gesammelt hat, darunter Bilder von Rembrandt, Tizian, Holbein, Vermeer ... 1919 starb Mister Frick, 1935 eröffneten seine Erben »The Frick Collection«. Das Besondere daran: Gemälde, Skulpturen, Teppiche, Porzellane kann man genauso, wie sie zu Fricks Lebzeiten in dem privaten Haushalt hingen oder standen, anschauen. Das macht den besonderen Reiz dieser Ausstellung aus: Keine Texttafeln und Museumshinweise stören den ästhetischen Eindruck, nichts ist in irgendwelchen Schaukästen hinter Glas verwahrt oder durch Seile abgesperrt. Informationen zu den einzelnen Ausstellungsstücken erhält man per Walkman-Tonband. Dabei entsteht wirklich eine besondere Atmosphäre.

Abends traf ich mich dann meist mit Sheila. Wir gingen oft auf den Broadway, in sämtliche Musicals, für die wir Tickets bekommen konnten. Auf dem Times Square gibt es eine spezielle Theaterkasse, an der jeden Nachmittag Restkarten für die Aufführungen sämtlicher New Yorker Musical-Bühnen des gleichen Abends zum halben Preis angeboten werden. »Playbill« heißt das Unternehmen, von dem es auch noch eine Zweigstelle im World Trade Center gibt. Bevor bei »Playbill« geöffnet wird, drängen sich dort jeden Nachmittag die Leute, und es heißt, in der Warteschlange auszuharren. Nun, ich hatte doch Zeit. Und dann musste man ein bisschen flexibel sein, wenn »Miß Saigon« für diesen Abend schon ausverkauft war, nahm man sich eben die preiswerten Tickets für ein anderes Stück. Das habe ich mehrere Male genutzt.

Wenn wir nicht ins Theater wollten, verabredeten Sheila und ich uns mit den Mädchen aus der Agentur. Wir rollten durch den Central Park, sie zeigten mir dort auch »Strawberry Fields«, den kleinen Garten, den Yoko Ono dort für ihren Mann John Lennon hat anlegen lassen. Lennon wurde ja direkt am Central Park erschossen, als er aus seinem Appartement-Haus kam. Er wohnte im »Dakota«, einem riesigen, altmodischen Kasten westlich des Parks, der noch im 19. Jahrhundert gebaut und ein wenig einem Renaissance-Schloß nachgebildet wurde. Natürlich musste ich das alles sehen.

An manchen Tagen fuhren wir auch zu Sheila hinaus, nach Brooklyn. Auch diesen Teil von New York habe ich durchstreift und genossen. Es erschien mir dort manchmal fast europäisch kleinstädtisch. Die Häuser stammen aus dem vorigen Jahrhundert, sind niedrig, manche haben Vorgärten, jedes einen separaten Aufgang, es wirkt wie in einer Londoner Vorstadtsiedlung. Zwischendurch liegen kleine Geschäfte, nette Restaurants. Ich habe gar nicht gewusst, das New York auch so behaglich sein kann.

Nach einer Woche stand mein Date mit Mister Burt an, dem Millionär, der eine repräsentative Frau suchte, die sich nicht in seine Angelegenheiten einmischte. Ich hatte mich bei ihm gemeldet und die Nummer von Jirinas Anrufbeantworter hinterlassen. Betont höflich formulierte er auf dem Band: »Verehrte Frau Gabriele, es wäre mir ein Vergnügen, wenn ich Sie treffen könnte.« Also los.

Wenn ich mir so überlege, die legendäre Sonja Henie, die große alte Dame meines Sports aus Norwegen, dreifache Olympiasiegerin, zwischen 1927 und 1936 zehnfache Weltmeisterin, hat dreimal geheiratet und zwar drei amerikanische Millionäre. Das ist eine Bilanz! Ich hatte Sonja Henie im Frühjahr 1969 bei einer Schaulauf-Tournee quer durch die USA in Los Angeles selbst noch kennen gelernt. Schade, die Henie hat zwar viel über das Eiskunstlaufen und später über ihre wirtschaftlich so erfolgreichen Eisrevue-Unternehmen veröffentlicht, doch keinen Ratgeber mit der Überschrift: »Wie angelt man sich einen Millionär?« Zu dem Thema kannte ich eigentlich nur einen alten, aber heute noch amüsanten Film mit Marilyn Monroe. Bei dem 1953 von der Monroe ›geangelten‹ Millionär handelte es sich um den wirklich gut aussehenden, sportlichen Schauspieler David Wayne. Wie würde mein Mister Burt von 1999 ausschauen? Egal. Gesetzt den Fall, es funktionierte mit uns, dann hatte ich rein rechnerisch die Chance, dass wenigstens mein dritter Ehemann ein Millionär sein könnte.

Tochter Sheila amüsierte sich, als ich ihr das Rechenexempel vorstellte. O Gott, wird diese Mutter denn nie erwachsen, mochte sie denken. Neugierig auf meine Verabredung mit einem personifizierten »american dream« war sie allerdings auch.

Je näher der Termin rückte, um so ruhiger wurde ich: Keine unrealistischen Erwartungen! Es wäre ja schon wirklich mehr als ein riesiger Zufall, wenn dieses Arrangement quer über den Atlantik von Erfolg gekrönt sein sollte. Aber ansehen konnte ich mir den Kandidaten schließlich.

Mister Burt aus Pennsylvania hatte als Treffpunkt das Waldorf-Astoria Hotel an der Park Avenue zwischen 49. und 50. Straße vorgeschlagen. Er bewohne es stets, wenn er in New York Termine hätte. Um 14 Uhr wollten wir uns dort treffen. Ich beschloss, mit der Bahn hinzufahren. Sicher, die New Yorker Subway gilt als schmutzig und in manchen Gegenden gefährlich, aber tagsüber, wenn man sich im normalen Fahrgaststrom mitbewegen kann, ist es nun einmal ein schnelles und billiges Verkehrsmittel. Mittlerweile kannte ich die Subway gut genug, um auch die richtige Linie und vor allem Fahrtrichtung zu erwischen. Pünktlich fand ich mich in der ziemlich pompösen Eingangshalle des »Waldorf-Astoria« ein: weißgoldene Säulengänge, ein prachtvoller roter Plüschteppich, in dessen Mitte ein Mosaikbild in den Boden eingelassen ist, exakt darüber ein weitausladender Kronleuchter voller Kristallprismen, rundum Palmen, frische Blumen, ein paar Art-déco-Statuen und über allem so ein Hauch von vergangener Größe.

Ich steuerte auf die Rezeption zu und erkundigte mich nach Mister Burt. Die Empfangsdame, man kann es nicht anders sagen, es handelte sich wirklich um eine formvollendet agierende Dame, veranlasste, dass Burt von meiner Ankunft erfuhr, und bat mich höflichst, in der Lobby Platz zu nehmen. Also suchte ich mir eine der elegant aussehenden, aber unbequemen Polsterbänke ohne Rückenlehne aus und harrte der Dinge, die da kommen sollten.

Es dauerte nur einen Moment, dann steuerte aus einem der Fahrstühle ein großer, kräftiger Mann um Mitte Fünfzig auf mich zu. Was soll ich sagen, der semmelblonde Mister Burt entsprach exakt dem, was man sich unter einem Amerikaner vorstellt, und man sah ihm an, dass er in seinem Leben sehr viel Fast-Food gegessen hatte. Offenbar war er sich völlig sicher, dass es sich bei mir um die Person vom Foto aus Deutschland handelte, und hatte ein breites Grinsen aufgesetzt: »How nice to see you!«

Offenbar sah Mister Burt die Angelegenheit vollkommen unkompliziert und lud mich ganz selbstverständlich zum Essen ein. Das war im »Waldorf-Astoria« nun natürlich kein Fast-Food, sondern vom Allerfeinsten. Es trifft ja keinen Armen, dachte ich mir und bestellte ungerührt eine sündhaft teure Salat-Kreation, dazu ein halbes Dutzend Austern. So etwas leistete ich mir in dieser Stadt sonst kaum. Frisches Gemüse, womöglich knackige grüne Salate, gehören in New York ebenso unter die Rubrik Luxus wie leichter, frischer Fisch und gesundes Schwarzbrot. Warum die Amerikaner nur immer noch so gerne fettes Hacksteak und pappige Brötchen essen? Und sich damit Gesundheit und Figur ruinieren! Nirgendwo sonst auf der Welt habe ich so viele übergewichtige, ach, sagen wir es deutlich, fette Menschen auf den Straßen gesehen wie in New York.

Durch Mister Burt, egal was er sonst so essen mochte, kam ich jedenfalls zu einem wunderbar leichten und frischen Menü. Als Mann von Welt orderte er dazu einen trockenen Chablis. Ganz offensichtlich freute es ›meinen‹ Millionär, mich ordentlich zu bewirten. Wir unterhielten uns auch sehr nett. Er erzählte mir von der Geschichte dieses Hotels, das wegen einer Familienstreitigkeit zwischen den Frauen der Astors und der Waldorf-Astors, zwei Linien der gleichen, alteingesessenen New Yorker Familie, gebaut wurde. Einer deutschstämmigen Familie übrigens. Ob ich denn gewusst hätte, dass der erste Arzt New Yorks ein Sachse gewesen sei, und der erste Millionär, John Jacob Astor, aus der Gegend um Heidelberg stammte? Jedenfalls ging es bei der Hotelbau-Geschichte darum, welche der Damen mehr gesellschaftlichen Glamour ausstrahlte. Also setzte der eine Ehemann, um die andere Ehefrau zu ärgern, direkt vor deren repräsentatives Wohnhaus einen profanen Gasthof, der mit seiner vielen Kundschaft Lärm und Ärger verursachte. Das Gasthaus wurde rasch bekannt und gut besucht und bald zum florierenden Hotel ausgebaut. Da setzten die anderen Astors ihrerseits ein Hotel direkt daneben. Und weil eigentlich klar war, dass beide Hotels sich gemeinsam viel prachtvoller präsentieren konnten, wurde der Damen-Streit ad acta gelegt und man fusionierte. »Ein gutes Geschäft lässt man nicht aus. Das ist Amerika«, strahlte mich Mister Burt mit seinem sympathischen Grinsen an. Fortan verband ein prächtiger Verbindungsgang die beiden Gebäude des nunmehrigen »Waldorf-Astoria«. Auf diesem breiten Gang promenierten dann mit Vorliebe die reichen New Yorkerinnen. Weil sich die Damen um die Jahrhundertwende gerne mit Pfauenfedern schmückten, nannte man den Gang spöttisch »Peacock Alley«, Pfauenallee. Das alles war Vergangenheit, das Hotel wurde mehrfach umgebaut. Aber traditionsbewusst hieß das Restaurant, in dem wir speisten, ebenfalls »Peacock Alley«. Mit der Vokabel ›Peacock‹ konnte ich zunächst nichts anfangen. Wort- und gestenreich beschrieb Mister Burt den Vogel. Wir lachten herzlich, als ich mir dann zusammengereimt hatte, was gemeint war. Ich spürte, dass da schon etwas Sympathie für mich mitschwang, aber auch, dass es bei Burt irgendeine Blockade gab. Schließlich rückte er mit der Sprache heraus: »Wissen Sie, Gabriele, was John Ihnen erzählt hat, das hatte schon alles seine Richtigkeit. Ich wollte ja dieses Mal unbedingt eine deutsche Frau heiraten. Aber ich muss Ihnen gestehen, es ist in den letzten Tagen bei mir alles ganz anders gekommen. Lachen Sie nicht, ich habe jetzt doch wieder eine Amerikanerin kennen gelernt, und ich bin fest entschlossen, es mit ihr zu versuchen. Aber ich wollte nicht, dass Sie nun in New York gar nichts von mir hören und sehen. I'm so sorry, Madame.« Das ›sorry‹ hörte sich an, als würde es mit mindestens einem Dutzend O's geschrieben. Was soll's. So rasch, wie er aufgetaucht war, verschwand Mister Burt aus meiner Lebens-Perspektive. Höflich sagte ich ihm – und meiner Aussicht darauf, einen amerikanischen Millionär zu heiraten – Lebewohl. Wenigstens hatte ich gut gegessen.

Sheila sparte sich netterweise jegliche freche Bemerkung. Ich schnallte mir noch am gleichen Abend meine Rollerblades unter und drehte eine große Runde durch Greenwich Village. Sport, aktive Bewegung ist recht nützlich, wenn kleine Enttäuschungen zu überstehen sind. Am nächsten Tag bin ich noch einmal den Central Park rauf und runter gerollt und habe mich da unheimlich hineingesteigert. Schließlich: Ich bin fit, ich habe meinen Körper im Griff, ich hänge so manchen Jüngeren schon auf der ersten Park-Runde ab.

Abends trafen wir uns mit Sheilas Freundinnen in einem Open-Air-Kino bei mir in Greenwich Village. Auch dort gibt es einen hübschen Park, in dem sich an bestimmten Tagen nach Feierabend viele Grüppchen zum Picknick einfinden. Diese Park-Kinoabende sind gratis, irgendwelche Geschäftsleute sponsern das. Die Anwohner freuen sich über das kulturelle Angebot, und wir wollten natürlich dabei sein. Auf dem Rasen wurden Decken ausgebreitet. Wir hatten uns Rotwein, gegrillte Hühner, Tomaten und das unvermeidliche, leider nach nichts schmeckende New Yorker Weißbrot mitgebracht und schmausten erst einmal fröhlich. Um uns herum lauter freundliche Leute, Scherzworte flogen hin und her, einfach ein angenehmer Abend. Als es dunkel genug geworden war, begann der Film. Ein schöner alter Hollywoodstreifen, »Ein Herz und eine Krone«, mit Audrey Hepburn. Da lag ich also auf meiner Decke neben Sheila, spürte den New Yorker Sommer, die warme Luft, das Gras unter mir, trank ab und zu einen Schluck Rotwein und sah der schönen Audrey bei ihrer Liebesgeschichte zu. Dabei fühlte ich mich auf so eine stille, zufriedene Art glücklich. Das Schicksal hatte es mir nicht bestimmt, dass ich in New York frisch verliebt auf Wolke sieben segelte. Aber ich saß hier neben meiner Sheila und ihren Freundinnen mindestens auf Wolke eins. Es gibt so Momente im Leben, in denen einfach alles stimmt, obwohl gar nichts Besonderes geschieht. Die soll man festhalten.

Honigmelone für Funny

Meine große kleine Sheila winkte mir noch hinterher, als ich sie oben auf der Rolltreppe kaum mehr
erkennen konnte. Dann tauchte ich in das Gewühl
des Kennedy-Airports ein. In New York redet übrigens kein Mensch von Personenkult, wenn ein
Flughafen nach einem berühmten Landesvater
benannt wird. Aber halt, wir haben ja in Berlin auch
gerade eine neue Willy-Brandt-Straße bekommen.
Und dem hat nicht mal Marilyn Monroe im Sei-
denkleid ein Geburtstagsständchen gebracht. Mit
so ein paar allgemein-boshaften Gedanken wollte
ich meine sehr konkrete Wehmut niederkämpfen.
Trotzdem geriet mir die Heimreise ein wenig
melancholisch. Mein erster Flug über den ›großen
Teich‹ kam mir wieder in den Sinn, 1965, zur
Eiskunstlauf-Weltmeisterschaft nach Colorado
Springs.
Damals von Karl-Marx-Stadt aus in die USA zu
gelangen gestaltete sich reichlich umständlich:
Zuerst mit Muttis »Wartburg« nach Berlin, von
dort aus mit dem Zug über Prag nach Zürich, von
dort mit der SWISSAIR nach Chicago, Zwi-

schenstopp und endlich die Landung in Colorado Springs. Siebzehn war ich, am Beginn der großen Karriere. Da erscheint einem sogar eine lange und umständliche Reise als eine Art Happening, schließlich waren viele junge Sportler an Bord. Die Maschine war ja extra für die europäischen Weltmeisterschaftsteilnehmer gechartert worden. Neun aufregende Stunden über dem Atlantik, nie vergesse ich, wie sich die Schweizer Stewardessen über unser Getobe durch die Sesselreihen und die lautstarken Kissenschlachten mit den kleinen Kopfpolstern quer durch die ganze Flugzeugkabine ärgerten. Und gesungen wurde auch. Angesichts des lautstarken Tohuwabohus setzten unsere Erwachsenen, also die Trainer, Betreuer, Sportoffiziellen des europäischen Eiskunstlaufs – je nach Temperament –, finstere Mienen auf, amüsierten sich mit oder versuchten einfach, trotzdem ein wenig zu schlafen. Es war wohl der lustigste Amerika-Flug, den ich je erlebte.

Dieses Mal strengte mich der Flug zurück, entgegen der Sonne und damit entgegen dem natürlichen Zeitgefühl, ziemlich an. Noch tagelang hatte ich unter den Folgen des ›Jet lag‹ zu leiden.

Natürlich schaltete ich zu Hause voller Neugier das Handy an. Vielleicht hatte sich doch während meines Urlaubs irgend jemand gemeldet? Fehlanzeige, keine Resonanz auf meine vielen Annoncen-Briefe? Murrend verzog ich mich nach oben ins Schlafzimmer. Egal, zwei freie Tage blieben mir noch, und die habe ich komplett verschlafen.

Nebenher versuchte ich, Katze Funny mit mir zu versöhnen. Mein freundlicher Nachbar zur Rechten, der sich wie stets in meiner Abwesenheit um meinen Liebling gekümmert hatte, war regelrecht besorgt. Zuerst sei mit Funny alles glatt gelaufen, dann aber habe sie immer weniger gefressen. Mit allen möglichen Tricks habe er es versucht, aber das Tier verweigerte sich. Typisch Funnys Katzen-Dickschädel: Was scherte sie, dass sie in ihrem gewohnten Haus regelmäßig mit frischem Futter und sauberer Katzenstreu versorgt wurde ... Sie wollte Aufmerksamkeit, und zwar von mir! Ich aber hatte sie schnöde allein gelassen. Sollte ich doch jetzt sehen, wer mit mir schmuste. Funny strafte mich auch die nächsten Tage mit vollkommener Missachtung. Da halfen weder frisches Rindergehacktes oder Fisch jeder Art, den viele Katzen mögen, im Fressnapf. Also versuchte ich es mit Funnys Lieblingsspeise: Honigmelone. Ich fand es beachtlich, dass sie selbst die Honigmelone ignorierte, und fürchtete schon, meine Katze wäre ernsthaft krank. Schließlich ließ sie mich aber doch an sich heran und maulte mir hingebungsvoll vor, wie gemein es gewesen sei, sie so lange allein zu lassen. Auf der Basis von Lachs und Honigmelone und vielen, vielen Streicheleinheiten versöhnten wir uns langsam miteinander. Nach ein paar Tagen ließ Funny sich gnädig die sonst übliche Dosen-Nahrung servieren. Ich hielt ihr dabei einen ausführlichen Vortrag darüber, dass New York ein ziemlich teures Pflaster war und täglich frisches Rindgehacktes oder Lachs und Honigmelone für die Katze in meinem Haushaltsbudget einfach nicht drin wären. Ich gehe davon aus, dass meine kluge Funny diese ökonomischen Argumente akzeptierte.

So kam ich über dieses Augustwochenende hinweg mehr oder weniger entspannt im Berliner Alltag an und am darauffolgenden Montagmorgen pünktlich im Büro von Birkenwerder.

Dort erinnerte mich zwar eine New Yorker Ansichtskarte am Büro-Pin-Brett an die lustigen Ausflüge mit Sheila und ihrer Freundinnenschar, aber okay, das war nun vorbei. Ich jedenfalls fühlte mich wieder fit fürs alltägliche Getriebe. Im Sekretariat redeten an diesem Montagmorgen alle über ihre Wochenendausflüge, über den Jahrhundert-Sommer und die besten Strategien gegen den Hitzschlag ... Unsere Büro-Palmen verdankten den tropischen Temperaturen übrigens einen sichtlichen Wachstumsschub. Was Wunder, meinte irgendjemand, schließlich würde das Grünzeug – im Gegensatz zu den schwitzenden Mitarbeitern – mehrmals täglich liebevoll mit Wasser besprengt. Ansonsten war alles beim Alten. Die Kaffeemaschine summte friedlich, der Laserdrucker hatte seine üblichen Macken, und der anwesende Rest unseres Teams pflegte – je nach Temperament – seine aufgeräumte oder trübsinnige Montagmorgen-Laune. Mit frischen Kräften ging ich an meinen Computer und dort Position für Position auf dem Langzeitkalender durch.

Als erstes stand ein Anruf bei Leasingfirma X in Leipzig an. Also los, Gaby, tief durchatmen, lächeln, Start in den Geschäfts-Talk: »Wir hatten Ihnen kürzlich unser Angebot unterbreitet, konnten Sie sich eine Meinung bilden ...?« Sie hatten nicht können oder nicht wollen. Oder der zuständige Juniorchef schnorchelte seit Wochen an den Seychellen-Riffs herum und scherte sich den Teufel um die Reinigungsprobleme seiner Filialen in Eutritzsch und Wiederitzsch ... Artig bedankte ich mich und fragte, ob es recht sei, wenn ich mich in drei Wochen wieder meldete. Natürlich verbarg ich meine Ungeduld hinter einem aufgeräumten Gruß gen Leipzig. In drei Wochen lebten wir schon mitten im Spätsommer. Vielleicht hatte sich der Juniorchef bis dahin wieder angefunden und war bereit, sich meinen Quadratmeter-Preisen für die Boden und Glaspflege zu widmen. Also: Rückfragetermin im Kalender vormerken und den nächsten Vorgang aufrufen. Ich brachte den ganzen Vormittag damit zu. Wenn ich etwas aus meiner Leistungssportzeit mitgebracht habe, dann sind es Ausdauer und Konsequenz. Anlauf nehmen, Absprung, Drehung, sicher aufkommen. Noch einmal und noch einmal. Nächster Anlauf, Lächeln: Die sächsischen Filialen der Bank Ypsilon wollten vielleicht ihren Sicherheitsservice wechseln und hatten entsprechende Angebote eingeholt. Guten Morgen, lieber Herr Ypsilon, hier ist die Gabriele Seyfert. Natürlich kann niemand mein Telefonlächeln sehen, aber man hört, besser spürt es. Auch bei Bank Ypsilon wurde ich vertröstet. Es müsse noch das eine oder andere geprüft werden. Okay. Anschließend Anruf bei Unternehmen Zet in Chemnitz. Da hegte ich nun überhaupt keine großen Erwartungen. Wie oft hatte ich dort in den vergangenen Jahren angerufen? Meine Arbeit verlangt ständige Balanceakte: Potentielle, aber unentschlossene Kunden dürfen nicht durch dauernde Drängeleien genervt werden, müssen mich aber deutlich in Erinnerung behalten. Da hilft es mir natürlich, dass mich in Sachsen viele Leute kennen. Das letzte Telefonat mit dem Zet-Geschäftsführer lag ein halbes Jahr zurück. Damals war von einer Veränderung des Firmensitzes die Rede gewesen: Vielleicht, wenn dann der Umzug ..., hatte es geheißen. Mal sehen, wie der Stand der Dinge heute war. – Guten Morgen Herr Zet! Nanu, das klang ja fast wie Begeisterung am anderen Ende der Strippe: »Frau Seyfert, wie gut, dass Sie heute anrufen, ich habe schon an Sie gedacht. Wir beide sollten jetzt ins Geschäft kommen. Wann könnten Sie denn mal bei uns vorbeischauen?« Volltreffer. Na bitte, ohne Fleiß kein Preis. Zähigkeit zahlt sich eben doch aus! Mein Büro-Start nach dem Urlaub schmeckte gar nicht so übel.

Frohen Mutes stürzte ich mich in mein Berliner Leben. New York, Rollerbladen im Central-Park und Herr Burt im »Waldorf-Astoria« verflossen in meiner Erinnerung mit den Dunstschleiern über der Skyline von Manhattan zu einem Urlaubsbild vom anderen Ende der Welt: Recht hübsch, aber sehr, sehr weit weg. Wenn Zeit war, lag ich im Garten, das heißt, eigentlich mehr im Pool. Aber während ich noch Sheila oder meinen Freundinnen am Telefon verkündete, eigentlich auch als Single rundum mit der Welt zufrieden zu sein, nagten die ersten kleinen Unzufriedenheits-Würmer am Wohlbefinden.

Schließlich griff ich in einer Mittagspause doch wieder nach den Zeitungsseiten mit den Partneranzeigen. Mal sehen, was dort so angeboten wurde. Vor zwei Monaten hatte ich die Er-sucht-Sie-Spalten noch unterhaltsam gefunden und gerne herumtelefoniert. Mittlerweile stellte diese Lektüre für mich eher eine selbstauferlegte Pflicht als eine unterhaltsame Kür dar. Je mehr ich mich in die gedruckten Heiratsmärkte vertiefte, um so irritierender fand ich das Riesenangebot. Ist denn wirklich die Hälfte aller Berliner einsam? Ernsthaft und in einer Gefühlsmischung aus Mutlosigkeit und Hoffnung verglich ich Dutzende fremder Angebote mit meinen eigenen Intentionen, strich Telefonnummern oder Chiffren an, rahmte besonders anregende oder aufregende Texte ein. Sicher, ich hatte das hier schon zur Genüge versucht. Aber verdammt noch mal, irgendwann muss sich doch der Richtige finden. Ecky hatte doch auch mit seiner Anzeige Glück gehabt. Sonst noch jemand? Es ging mir auf, dass ich bei anderen Leuten noch nie gehört hatte, dass sich dieses oder jenes Paar über den *Tagesspiegel* oder die *Berliner Zeitung* gefunden hatte. Niemand erfährt im Normalfall, ob als Ergebnis solcher Zeitungslektüre am Ende tatsächlich jemand mehr oder weniger glücklich, kürzer oder länger zusammenlebt. Niemand spricht darüber. Vielleicht, weil diesem Glück aus dem Anzeigenteil irgendwie doch der peinliche Geruch des Geschäftlichen anhaftet?

Schluss mit der Grübelei. Ich hatte einmal wieder einen interessanten Kandidaten eingerahmt:

Akademiker um die Fünfzig, dessen Name hohes Ansehen genießt, Schöngeist, markanter Lebensstil mit Niveau, sportlich (Ski, Tennis, Segeln, Wandern) sehnt sich nach faszinierender Vollblutfrau.

Dazu die bekannte CLUB DUE-Telefonnummer. Sicher, das Angebot klang ziemlich dick aufgetragen. Außerdem fand ich den Begriff Vollblutfrau albern. Wir sind doch nicht bei der Pferdezucht. Typisch Frau Rosenthal. Trotzdem: Hier war ein sportlicher Akademiker im Angebot, wie ich inzwischen wusste, ein seltenes Exemplar.

Ich rief bei der Rosenthal an und bekam zu hören,

112

dieser Herr wäre gar nicht so einfach zu handhaben, ein Professor. Na und, sagte ich etwas spitz. Musste ich etwa erst meine beiden Hochschuldiplome vorlegen, bevor ich mit dem Herrn Professor reden durfte? Frau Rosenthal lavierte weiter: Also, wenn er mich tatsächlich interessiere, dann müsse sie mir zu diesem Kandidaten noch eine Menge erklären. Aber dafür habe sie im Moment leider, leider gerade keine Zeit, nämlich sofort einen Gesprächstermin mit einem neuen Mitglied. Mich brachte ihre lange Vorrede auf. Was dachte sich diese Vermittlerin eigentlich? Jedes Mal zickte sie bei mir herum, erfand Ausflüchte. Es ging mir um den sportlichen Professor, ihre weitschweifigen Erklärungen konnte sie sich sparen. Irgendwie gewann ich langsam den Eindruck, die Männer, die die Rosenthal mit pompösen Texten an die Frau zu bringen versuchte, hatten alle ihre Macken. Und die Vermittlerin wusste das natürlich ganz genau. Genug jetzt. Auch meine Zeit kostet Geld. Kurz und bündig verlangte ich die Telefonnummer des Kandidaten. Nach einigem Hin und Her bekam ich sie tatsächlich.

Im Gegensatz zu den verworrenen Rosenthalschen Auskünften war es überhaupt nicht kompliziert, sich mit diesem Professor W. zu verabreden. Er hatte eine angenehme Stimme, wirkte vollkommen normal und willigte sofort am Telefon ein, sich mit mir zu treffen, obwohl er eigentlich viel zu tun habe. »Also kommenden Donnerstag, im ›Café

Wien‹.« Erkennungszeichen? »Ich trage immer eine Lederjacke.« Eine Lederjacke bei dieser Hitze? Ich dachte nicht weiter darüber nach, sondern malte mir das Kommende farbenfroh aus: Gemeinsam Tennis spielen, gemeinsam Ski laufen, gemeinsam frühstücken ...

Wir kamen ziemlich gleichzeitig vor dem Café an und ich erkannte ihn sofort. Als er aus seinem BMW stieg, zückte er eine reichlich zerknautschte und speckige Jacke. Also offenbar einer dieser Männer, die bestimmte Kleidungsstücke so lange durch die Lande und Jahre schleppen, bis die ihnen fast vom Leibe fallen. Nach meiner Erfahrung sind solche Liebhaber von Einzelstücken nicht die unsympathischsten und oft tatsächlich treue Kerle. Vor allem keine Modepinsel, bei denen sich alles nur um die passende Krawattennadel dreht. So etwas mag ich überhaupt nicht. Allerdings fällt mir das Gegenteil davon, also demonstrative Schlampigkeit, auch auf die Nerven.

Erwartungsvoll ging ich auf den unprätentiösen Herrn zu: Sie müssen Professor W. sein. Wir setzten uns zum Kaffee an einen der schattigen Gartentische. Aufgeräumt bis fröhlich referierte W. seine Selbstdarstellung: Physiker an der Technischen Universität, Mitte Fünfzig, seit fünf Jahren geschieden. Die Frau nahm nach der Scheidung das Grundstück samt Segelboot. Er lebt in der Zehlendorfer Eigentumswohnung. Es gehe ihm gut.

Tennis im Verein, aber richtig viel mache er da nicht. Diesen Sommer habe er es noch kein einziges Mal auf den Platz geschafft. Mit dem Abfahrtsski, ab und zu in Österreich, laufe es leider ähnlich. Wann war er noch gleich das letzte Mal auf den Brettern? Na gut. Wenn ich mir den Herrn Professor so anschaute, dann konnte ich mir beim besten Willen nicht vorstellen, dass wir vielleicht gemeinsam im Fitness-Center ein paar Geräte-Runden drehten oder zusammen am Strand in der Sonne schmorten. Ganz offensichtlich lagen die Zeiten, in denen der Professor seine sportlichen Ambitionen gepflegt haben mochte, ziemlich weit zurück.

Nein, man muss natürlich nicht alle Freizeitaktivitäten miteinander teilen. Es macht mir nichts aus, auch allein oder mit einer Freundin Sport zu treiben. Aber ein wenig Übereinstimmung sollte schon vorhanden sein. Warum um alles in der Welt war die Rosenthal nur darauf verfallen, ausgerechnet ihn als sportlichen Akademiker zu verkaufen?

Das Gespräch plätscherte so dahin, nett. Vor vier Monaten war er in den Singleclub DUE eingetreten, bisher drei Dates. Die betreffenden Damenbekanntschaften fand er allerdings recht langweilig. Mich, beeilte er sich charmant hinzuzufügen, selbstverständlich nicht. Offenbar faszinierte diesen Physiker, dass ich aus der DDR kam. Er wollte wissen, wie ich die Wende erlebt hatte, was das für mich bedeute. Also erzählte ich vom Sportstudium an der DHFK, von meinen Trainer-Zeiten, vom Friedrichstadtpalast mit meiner Eisshow. Das interessierte ihn. Im Gegenzug steuerte er ein paar östliche Reisegeschichten bei. In beruflicher Mission war er nach ›Rußland‹ gereist, half dort Physikerkollegen, bestimmte Ausrüstungen zu bekommen, Computer, Meßgeräte, lernte unterwegs, die riesigen Probleme des fremden Landes zumindest zu ahnen. Als wir auf meine Schwierigkeiten nach 1990 zu sprechen kamen, versuchte er ehrlich, sich meine damaligen Nöte vorzustellen: »Wenn das alles anders gekommen wäre und nicht die Bundesrepublik die Wende gewonnen hätte, sondern Ihr System, dann hätte ich mich sehr schwer getan, mich da hineinzufinden.« Also irgendwie war der Mann ganz realistisch. Ich merkte, wie er mich aufmerksam von der Seite beobachtete. Anscheinend gefiel ich ihm. Aber leider, leider: Er gefiel mir nicht.

Das mag jetzt verwundern. Zweifellos, es handelte sich bei diesem freundlich-sachlichen Physiker um einen nicht unsympathischen Zeitgenossen. Wenn es bei dem Termin mit uns beiden darum gegangen wäre, gemeinsam eine Firma für den Vertrieb physikalischer Meßgeräte in die ehemalige Sowjetunion zu gründen, ich hätte keine Bauchschmerzen gehabt. Realismus und Zuverlässigkeit brachte er mit, die braucht man im Job-Team. Nun suchte ich aber keinen Geschäftspartner, sondern die Liebe. Und das Problem bestand darin, dass mir der Mann W. als Mann einfach nicht gefiel. Die

Chemie stimmte nicht. Vielleicht, dass mich schon seine ziemlich schlechten Zähne von vornherein davon abhielten, ihm irgendwie näher kommen zu wollen. Unangenehm fand ich auch seine völlig weiße, schlaffe Haut. Kam denn der Mann überhaupt nie an die frische Luft? Sicher, wir konnten uns gut miteinander unterhalten, aber mit gebührendem Abstand. Wenn sich so ein Gespräch aber – ausgesprochen oder unausgesprochen – darum dreht, ob man es für möglich hält, sich in diesen Mann oder diese Frau zu verlieben, dann kommen eben auch andere Vorstellungen ins Spiel. Um es kurz zu machen: Er war vom Traummann weit entfernt.

Der Professor hatte noch einen Termin am Abend. Freundlich gingen wir auseinander: Vielleicht sehen wir uns mal ... Auch er machte keine Anstalten, mir seine Visitenkarte zu geben oder sich meine Telefonnummer zu erbitten. Wahrscheinlich merkte er mir mein sinnliches Desinteresse an.

Soweit jener letztlich ereignislos gebliebene Donnerstag. Am Freitag meldete sich bei mir ein Herr Rainer, der meine Handy-Nummer über den CLUB DUE bekommen hatte. In der neuesten Ausgabe des CLUB-Programmes befand sich nämlich eine Kurzvorstellung von mir als neuem DUE-Mitglied. Dort hatte mich Herr Rainer herausgepickt. Frau Rosenthal versprach mir diesen Service schon beim Vertragsabschluss. Es hatte ja lange genug gedauert, bis das CLUB-Management es schaffte, den kleinen Text ins neue Programmheft zu drucken. Aber immerhin, der erste Interessent hatte sich gemeldet.

Wir verabredeten ein Date, putzigerweise wieder im ›Café Wien‹. Na gut, dachte ich mir, haben die Torten-Stammkundinnen etwas zum Kombinieren ... Also, kommenden Freitagnachmittag im Café. Und weil ich gerade beim Telefonieren war, beschloss ich, mich bei Doktor Friedrich in Erinnerung zu bringen. Immerhin, unser erstes Ge-spräch hatten wir noch vor meinem Urlaub im August. Wer verspricht, sich zu melden, der sollte es auch tun. Doktor Friedrich konnte hörbar mit meinem Namen nichts anfangen und fragte mich unverblümt: »Ach wissen Sie, ich habe mit verschiedenen Damen telefoniert, welche waren Sie denn?«

»Die Sportliche.«

»Ach ja, ich erinnere mich. Aber irgendwie muss mir ihre Handy-Nummer abhanden gekommen sein. Und Sie waren wie alt?«

Geduldig gab ich ihm noch einmal sämtliche Koordinaten durch, erklärte ihm, wenn er so gerne Tennis spiele, könnten wir uns doch einmal auf dem Platz verabreden. Fehlanzeige. Es kam wieder keine konkrete Verabredung zustande. Er ließ sich zum zweiten Mal meine Handy-Nummer geben und versprach, sich demnächst, wenn er mit seinen Terminen etwas Luft hätte, zu melden. Da war ich nun aber gespannt.

Wochenend und Sonnenschein

Ruhig klang meine Woche aus. Wochenend und Sonnenschein waren angesagt, mit Tennispartner Georg hatte ich mich für ein Match auf der kleinen Anlage in Berlin-Buch verabredet, auf der ich seit Jahren Stammgast bin. Mit Georg und seiner Frau Irina bin ich seit einiger Zeit häufiger zusammen. Er ist in meinem Alter, sie etwas jünger, beide sind mir angenehm. Ihre Partnerschaft gefällt mir: sehr tolerant und sehr liebevoll.

Als ich am Sonntag, pünktlich um elf auf den Platz kam, kämpfte Georg gerade mit einem mir fremden Mann in den Vierzigern seine Partie zu Ende. Ich schaute mir diesen anderen Spieler kurz an, fand, dass er ganz passabel aussah. Dann war mein Interesse erloschen. Eigentlich ärgerte ich mich für den Moment sogar über diesen Blick und diesen Gedanken. Es ging doch nun wirklich nicht an, jedes männliche Wesen, das mir irgendwo-irgendwann über den Weg lief, als potentiellen Beziehungs-Anwärter durchzuchecken. Na ja.

Ich setzte mich an den Rand des Spielfeldes, schloss die Augen, reckte die Nase in die Sonne und

hörte entspannt dem satten ›Plop‹ der auf-
schlagenden Bälle zu. ›Plop‹, 15:15 ›Plop‹, 15:30
Ansonsten herrschte völlige Ruhe. Bäume und
Büsche regten sich nicht, und die Vögel hatten sich
wohl auch alle vor der Hitze verkrochen. Im Halb-
schatten, zurückgelehnt in einen Gartenstuhl, mit
Blick auf ein paar Lindenblätter und ganz viel blau-
en Himmel ließ es sich aushalten. ›Plop‹, ›Plop‹,
Satz und Sieg.

Die beiden Männer kamen nach beendetem Spiel
zu mir herüber. Georg stellte seinen Trainingsgeg-
ner und früheren Kollegen Matthies vor. Lausbü-
bisch fügte er hinzu, dass der ein großer Fan von
der Gaby Seyfert sei. Oh, dankeschön. Natürlich
freuen mich solche anerkennenden Gesten. Also
bekam dieser Herr Matthies ein besonders charmantes Kür-Lächeln von *der* Gaby Seyfert.

Ruhig zog ich meine Tennisschläger aus der Hül-
le, prüfte die Bespannung, öffnete eine der vaku-
umverpackten Dosen mit den frischen kanariengel-
ben Tennisbällen, und los ging es. Herr Matthies
stand mit einem leicht verlegenen Lächeln dabei.
Auch nachdem Georg und ich richtig loslegten,
blieb er am Spielfeld und schaute uns zu. Als sich
die Partie hinzog, suchte er sich eine Bank im
Schatten, holte eine Zeitung aus der Sporttasche
und blätterte darin. Ich achtete nicht weiter darauf.
Die Sonne stieg langsam auf ihren Mittagspunkt zu.
Obwohl es unheimlich heiß wurde, machte mir
Tennis, wie immer, großen Spaß. Georg und ich

ackerten und schwitzten beide tüchtig, konzentriert allein auf die Flugbahnen der Bälle, auf die weißen Linien des Feldes, auf unsere Aufschläge. Nur mein Unterbewusstsein registrierte, wie das Blut rascher durch den Körper kreiste, mehr Sauerstoff aufgenommen wurde, wie jede Muskelfaser irgendwann angesprochen wurde, wie mir schließlich langsam Schweiß aus allen Poren brach. Das ist dieses wunderbare Erlebnis, wenn man trainiert ist: die körperliche Leistung produziert vollkommenes Wohlbefinden.

Die Sonne stand jetzt genau über uns, so dass wir Spieler kaum noch einen Schatten warfen. Für einen Moment erinnerte ich mich an das jugoslawische Dubrovnik, 1967. Um den ewigen nasskalten mitteleuropäischen Sommern zu entgehen, hatte Mutti uns diese Reise an die Adria organisiert. Eine Referenz der Sportfunktionäre an die Gaby, die frisch gebackene Europameisterin und Weltmeisterschaftszweite, und an deren Trainerin. In Dubrovnik versengte die Sonne tagtäglich das Meer und die Stadt mit ihrer knalligen Hitze. Der Hotel-Tennisplatz lag mitten in einem Hain von Zitronenbäumen, richtige Zitronenbäume mit reifenden Früchten. Zitronenduft ging selbst von den Blättern aus. Pflückte ich mir ein Blatt und zerrieb es zwischen Daumen und Zeigefinger, dann stieg mir ein herb-frisches Aroma in die Nase. So überwältigend ein echter Zitronenbaumhain auch für ein Mädchen aus dem Sächsischen war, damals konnte ich es nur wenig genießen. Meine Trainerin-Mutter scheuchte micht nicht über den Tennisplatz, weil es dort so herrlich aromatisch roch, sondern weil ich vor der nächsten Wintersportsaison dringend Gewicht loswerden musste. Trotz andauerndem Tennis, Strandläufen, Springseil und strengster Knäckebrot-Quark-Obst-Diät nahm und nahm ich damals nicht ab. Inzwischen weiß ich, was ich essen kann und wieviel ich mich mit Spaß bewegen sollte, um mein Wohlfühl-Gewicht zu halten. Und fühle mich mit Abstand wohler in meiner Haut als damals. Eins aber ist das Gleiche geblieben: Ob in der Hitze unter den Dubrovniker Zitronenbäumen oder in der Hitze unter den Linden von Alt-Buch, ich wollte einen richtigen Kampf. Egal mit welchem Tennispartner, ich spiele immer ernsthaft, aber nie verbissen. Und will natürlich gewinnen. Aber ich kann auch verlieren. Gewonnen habe ich hinterher sowieso: Ausgeglichenheit an Leib und Seele. Bei mir bekommt kein Gegenspieler etwas geschenkt. Nicht einmal dann, wenn das Thermometer am Bungalow des Platzwartes wie in diesem ungewöhnlichen Berliner September die 40 Grad-Marke ansteuerte.

Hinterher gab es eigentlich nur eins: »Los Jungs«, sagte ich, »nach dem Match lade ich euch ein, in meinen Swimmingpool zu springen. Und ein paar kühle Bier finden sich im Keller wohl auch noch für euch.« Die Jungs waren begeistert. Gesagt, getan. Nachdem wir halbwegs abgekühlt waren, kam Georg auf die Idee, er wolle sich für uns drei ein schönes Mittagessen ausdenken. Etwas Besonderes eingekauft hatte ich nicht, also improvisierten wir. Ein paar Kartoffeln wurden gekocht, Blumenkohl, aber dann fehlte Georg Knoblauch. Der unbedingt sein musste, Georg wollte die Kartoffeln mit Olivenöl und Knoblauch in der Pfanne braten. Zu Hause hatte er frische Knollen. Er und seine Frau, die Lehrerin, wohnen nur fünf Minuten von meinem Haus entfernt. Also zog er los, den Knoblauch zu holen.

Matthies und ich wollten unterdessen nur rasch noch einmal ins Wasser springen. Eher spielerisch kamen wir uns näher: eine Berührung beim Schwimmen, ein Kuss auf die nasse Schulter. Es musste nichts bedeuten. Es musste vielleicht gar nicht geschehen sein. Nach einer Weile kehrte Georg zusammen mit seiner Frau zurück. Irina hatte einen Familienbesuch absolviert und jetzt natürlich Lust auf unsere kleine improvisierte Fete. Zu viert wurde es ein richtig lustiger Nachmittag. Mit Georgs Küchen-Kreation, Bier und Wein und natürlich mit mehreren Swimmingpool-Gängen. Aber auf einmal vibrierten meine Nerven, Blicke bekamen Bedeutung, Berührungen wurden spannend.

Nach dem Essen fiel den anderen ein, dass wir uns schon immer das Video von der großen Eisshow zum 70. Geburtstag meiner Mutter hatten anschauen wollen. Damals, im Dezember vergangenen Jahres, erlebte ich diese Show für und mit meiner Mutter als ein großartiges Fest. Man merkte noch in der Aufzeichnung die grandiose Stimmung. Irgendwie wurde mir, und wohl auch den anderen, beim Zuschauen etwas rührselig zumute. Vor allem bei jener Passage der Show, in der ich für meine Mutter ein besonderes Geschenk arrangiert hatte: Ich sang ihr Ute Freudenbergs Titel »Ma, wo sind die Clowns«. Für meine Mutter kam dieser Auftritt völlig überraschend, alle an den Vorbereitungen Beteiligten achteten darauf, dass sie vorher nichts davon erfuhr. Man merkte meiner Mutti an, wie sehr es sie rührte, dass ich dieses Lied für sie sang. Es war schon ein besonderer Auftritt für uns beide, damals im Dezember.

Wieder küsste mich Matthies genau im richtigen Moment, bevor aus der kleinen Rührung tiefe schwarze Verlorenheit werden konnte. Es ging auf den späten Nachmittag. Matthies erklärte, er würde jetzt gehen, er müsse noch ins Wahllokal. An diesem Sonntag wählte das Land Brandenburg. Matthies fühlte sich zwar als Randberliner, aber sein Haus stand nun einmal im Brandenburgischen. Der abrupte Abgang, mitten aus der schönen Stimmung heraus, erschien kurios, aber mir als disziplinierter Bürgerin leuchtete sofort ein, dass Matthies seine Stimme abgeben müsse. Im Fortgehen fragte er mich leise, ob er abends wiederkommen solle. Mir ging das zu schnell. Rasch verabredeten wir uns, am kommenden Abend miteinander zu telefonieren.

Wir telefonierten etliche Male, für den darauf folgenden Freitag lud ich ihn ein. Irgendwie fühlte ich mich verunsichert: Ich wollte Matthies sehen, aber ich wollte mit ihm nicht allein sein. Also bat ich Irina und Georg ebenfalls zu kommen. Eigentlich hatte Matthies mir an diesem Freitagnachmittag per Telefon Bescheid geben wollen, wann genau er einträfe. Präzise Verabredungen sind mir wichtig. Aber Matthies meldete sich nicht. Das ärgerte mich mehr, als es so ein Detail tun sollte. Ich halte meine Termine ein und erwarte das gleiche von anderen. Bin ich zu genau? Festgefahren auf meinen Gleisen? Klingt furchtbar. Wahrscheinlich ist das ein Problem vieler Menschen: Im Laufe des Lebens pflegt man seine Ansichten und Gewohnheiten, kann für jede von ihnen plausible und anscheinend ›objektive‹ Gründe herzählen. Da schleift sich manches ein. Das, was mancher für seine präzisen, individuellen Regeln hält, wird von anderen vielleicht längst als Schrulle belästert. Im Job rücken die alltäglichen Kontakte und Gespräche manches gerade. Die anderen registrieren, wie bei Kollegen aus den einst vielleicht vernünftigen Grundsätzen mittlerweile echte Macken werden. Und sagen dann schon mal ein Wort. Aber zu Hause? Wer alleine lebt, kann tun und lassen, was er und wie er es will. Niemand hält den Spiegel vors Gesicht ...

Ernsthaft nahm ich mir vor, mich nicht über Matthies Art aufzuregen. Und tat es natürlich doch. Erst als Irina und Georg abends zur Tür hereinkamen, verflog der Unmut. Wir begannen unverdrossen ein Scrabble-Spiel. Als Matthies später kam, wurde er kommentarlos dazugesetzt. Fröhlich scrabbelten wir zu viert weiter.

Irgendwann gingen meine Freunde. Matthies blieb. Er blieb auch über Nacht. Ich wusste nicht, ob ich diesen Mann wirklich mochte. Resultierte meine Hinwendung vielleicht nur aus der Tatsache, dass ich nach den vielen sinn- und resonanzlosen Briefen und Treffen einfach froh darüber war, dass es da jemanden gab, der sich wirklich für mich interessierte? Die alten Herren, die mir Frau Rosenthal präsentiert hatte, wollten mich als ein schmückendes Beiwerk für den geruhsamen Lebensabend anmieten. Er suchte mich. Ein jüngerer Mann. Ja, okay, wir könnten etwas zusammen machen. Doch wäre ich auch auf diesen Matthies zugegangen, hätte ich ihn gemocht, ihm einen Platz in meinem Leben eingeräumt, wenn ich ihn in einer anderen Situation getroffen hätte?

Ich rief Sheila in New York an, erzählte ihr ein wenig von Matthies und meinen Bedenken. Aber wie die jungen Leute so sind: »Mach dir keinen Stress, Mama! Lass es einfach auf dich zukommen. Dann merkst du schon, ob es Mangel an Gelegenheit oder Sympathie ist.« Mangel an Gelegenheit. Das klang ziemlich brutal.

Zum Glück hatte ich für den Sonnabend schon seit längerem Kiereys zum Essen eingeladen. Ich kenne Jochen Kierey, den Geschäftsführer der Messe Berlin, und seine Frau Anne seit dem Frühjahr 1995. Damals, nach dem Ende meiner phantastischen Friedrichstadtpalast-Jahre steckte ich in einer ziemlichen beruflichen Krise. Die beiden halfen mir redlich, knüpften für mich verschiedene Kontakte, es wurde Freundschaft daraus. Selten genug finden wir die Zeit für einen ruhigen Abend, aber wenn, dann sollte es etwas Leckeres geben, heute gedünsteten Lachs mit Champagnersauce auf Safranreis. Was mir Fremde nie abnehmen, meine Freunde aber zu schätzen wissen: ich bin eine ganz passable Köchin. Auf freche Bemerkungen hin, wie ich denn die opulenten Speisen und meine Diät zusammenbrächte, erzähle ich gerne die bekannte Sophia-Loren-Anekdote: Von irgendeinem Reporter gefragt, welche Diät sie bevorzuge, gab die schlanke Italienerin fröhlich zur Antwort: Pasta. Aber ja, Pasta macht nicht dick! Wie glücklich war ich, als sich irgendwann herausstellte, dass Nudeln, in Maßen, nicht in Massen gefuttert, überhaupt nicht so kalorienreich sind, wie früher immer behauptet wurde, dafür aber die Glückshormone anregen ... Außerdem koche ich gern, weil es viel mit Timing, perfekter Organisation der einzelnen Arbeitsgänge zu tun hat. So etwas macht mir eben Spaß.

Das kleine Reis-Fisch-Menü für meine Sonnabend-Gäste war schlicht, aber deswegen nicht unkompliziert. Alles musste auf den Punkt fertig werden, weil weder die Sauce noch der Lachs langes Warmhalten vertragen. Noch zehn Minuten, bis Kiereys ankommen wollten. Ich stand im Finale. Also quoll der Langkornreis im warm gestellten, geschlossenen Topf still vor sich hin, und leichter Safranduft zog durch das Haus. Die steif geschlagene Sahne und der schon geöffnete Champagner für die Sauce warteten im Kühlschrank. Meine spezielle helle Saucengrundlage stand abgelöscht und durchgekocht auf der vorderen Herdplatte. Der Sud für den Lachs mit ein paar Möhren, Zwiebeln und Lorbeerblättern köchelte auf der hinteren Platte vor sich hin. Wenn die Gäste gekommen waren, brauchte ich die Fischportionen nur sanft hineingleiten zu lassen. Jetzt musste ich mich auf die Sauce konzentrieren. Bei der kam es nicht nur auf die präzisen Mischungsverhältnisse, sondern auch auf den Zeitpunkt an, zu dem der Champagner in die helle Saucenbasis eingerührt wird. Man darf das Ganze nämlich anschließend zwar wieder leicht erhitzen, aber nicht kochen, sonst gerinnt es. Und wenn dann erst das Eigelb und die steif geschlagene Sahne unter die Sauce gezogen wurden, darf der Topf überhaupt nicht mehr aufs Feuer.

Kiereys kamen, wurden auf der Terrasse platziert. Man muss doch diesen Jahrhundertsommer genießen! Ich rüstete mich zum Endspurt: Also hinten rechts der Reis, hinten links legte ich den Lachs in den heißen Sud. Dann angelte ich mir die Champagnerflasche und die Sahneschüssel aus dem Kühlschrank. Und wie das immer in solchen kniffligen

Moment ist: Das Handy klingelte! Eine fremde Männerstimme meldete sich: Mein Name ist Joachim, Sie haben mir geschrieben, aber ich bin kein Freund vom Handy-Telefonieren. Geben Sie mir doch ihre richtige Telefonnummer, ich rufe gleich zurück. Weil ich so sehr mit dieser Champagnersauce beschäftigt war, diktierte ich zerstreut diesem Joachim ohne weiteres meine Privatnummer, verabschiedete mich und legte auf. Schließlich musste nun sofort der Lachs vom Feuer, andernfalls würde er mir im Topf zerfallen ...

Er zerfiel nicht, die Sauce gelang mir bis aufs I-Tüpfelchen, und es wurde ein rundum gelungener Abend. Kiereys und ich hatten uns lange nicht in Ruhe gesprochen und viel zu berichten, viel zu lachen. Erst nachdem sie fortgefahren waren, kam mir der ominöse Anrufer wieder in den Sinn. Er hatte sich nicht wieder gemeldet. Was für ein Unfug, dieser Vorwand, er möge Handys nicht. Warum hatte er so herrisch meine richtige Telefonnummer verlangt? Wollte er darüber meine Adresse herausfinden? Etwa unangemeldet hier auftauchen?

Irgendwie beunruhigte mich das alles. Draußen war es inzwischen stockdunkel, nichts passierte. War das nicht doch etwas unheimlich? Glücklicherweise telefonierte an diesem Abend noch mein alter Freund und Studienkumpel Norbert Schaffranek mit mir, musste sich alles anhören und beruhigte mich: »Aber Gaby, was nützt denn eine Telefonnummer. Wenn der Typ tatsächlich anfangen sollte, dich mit blöden Anrufen zu terrorisieren, dann lässt du eben eine Fangschaltung legen. Aber wahrscheinlich ist er bloß zu geizig, ein Handy anzuwählen.«

»Aber warum meldete er sich dann nicht wieder?«

»Wer weiß, vielleicht ist urplötzlich seine Erbtante zu Besuch gekommen. Mensch, wahrscheinlich ist er einfach vor dem Fernseher eingeschlafen. Oder du warst ihm zu kurz angebunden. Meine liebe Gabriele, das kommt davon, wenn man so viele Krimis sieht ...«

»Was heißt hier Krimis, das reale Leben ist ja schon kriminell genug.«

Nachdem mir Norbert meine Hirngespinste fortgelästert hatte, konnte ich einigermaßen entspannen. Es stimmte ja, ich hatte etliche Anzeigen-Briefe versandt, auf die bislang noch niemand reagiert hatte. Trotzdem, komisch war es schon: Jener Handy-Feind meldete sich übrigens bis auf den heutigen Tag nicht bei mir.

Am darauf folgenden Mittwoch besuchte mich Matthies. Allein. Einerseits freute ich mich auf den Abend, andererseits auch wieder nicht. Ich wusste fast nichts von diesem Mann. Georg, den ich ein wenig über seinen ehemaligen Studienkumpel ausfragte, deutete nur vage an, dass Matthies seit Monaten allein lebe, aber wohl noch nicht so ganz von seiner geschiedenen Frau loskomme und auch sonst so ein paar Probleme habe ... Ja sicher, jeder trägt an seinen alten, bitter-süßen Lebensgeschichten. Manches wiegt da schwerer, manches leichter, manches ist schon fast vergessen. An manch alte Geschichte sollte man besser nicht rühren, weil eben auch die Zeit nicht alle Wunden heilt. Wenn sich zwei erwachsene Menschen zusammenfinden, wäre es doch naiv, darauf zu hoffen, dass eine neue Liebe aus dem Herzen alles andere herausbrennt. Eine neue Liebe ist eben nicht wie ein neues Leben. Das gibt's nur in einfach gestrickten Schlagertexten. Die Realität erlaubt keine neuen Anfänge, keine ›Tabula rasa‹. Immer wirken da Reste, Bürden, Empfindlichkeiten, Vorurteile mit. Bei Matthies, bei mir. ›Lass es einfach auf dich zukommen. Dann merkst du schon, ob es Mangel an Gelegenheit oder Sympathie ist.‹ Es ist leichter gesagt als getan, Sheila.

Mich beunruhigte doch zunehmend, dass mir die Vorfreude auf diesen ersten richtigen Matthies-Abend nicht so recht gelingen wollte. Um so mehr bemühte ich mich um einen perfekten Empfang: Bewirten wollte ich Matthies in dieser immer noch sommerlichen Abendwärme mit einem üppigen Scampi-Salat, mit dem ich mir ziemlich viel Mühe gegeben und sogar die Salatcreme selbst aus Eidotter und Olivenöl zusammengerührt hatte. Ein frischgebackenes Baguette lag warm in der Backröhre. Butter und Käse standen schon auf dem Tisch. Ein trockener klassischer Soave vom Casa del Coppiere wartete griffbereit im Kühlschrank.

Schließlich stand ich prüfend vor dem Badezimmerspiegel und sah mir in die Augen. Nichts. Jede Frau weiß, wie prickelnd es schon allein sein kann, so ein kleines romantisches Dinner perfekt zu inszenieren. Und sich dabei selbst als die honigsüße Nachspeise für den geliebten Gast vorzusehen. Ich überprüfte meine Inszenierung: der Tisch gedeckt, die Kerzen angezündet, eine CD mit der »Evita«-Version von Madonna eingelegt. Ja, aber? Irgendetwas stimmte nicht. Perfektion ohne Emotion.

Auch Matthies sprach an diesem Abend weniger über seine etwaigen Gefühle für mich als über seine allgemeine Situation. Es lag nicht nur an der gescheiterten Ehe, es ging ihm ganz allgemein ziemlich mies. Nach 1990 hatte er mit einem Geschäftspartner eine tolle Kneipe in Mitte aufgezogen. Der Kredit dafür, ein paar hunderttausend Mark, lief auf Matthies Namen. Die Gewinne – soweit der Laden überhaupt welche abwarf – gingen auf des Geschäftsfreunds Konto. Kneipen in Berlins Mitte sind trotz aller Touristenströme nicht automatisch Goldgruben. Bei den beiden stimmte das Konzept offenbar nicht. Oder anderes. Warum auch immer, sie mussten nach wenigen Monaten wieder schließen. Der Geschäftsfreund machte sich rar und verschwand schließlich vollkommen aus Matthies Blickfeld. Seither arbeitet er, wie früher, als Ingenieur in seinem Wasserwerk und versucht, allein den riesigen Schuldenberg abzutragen. Was von seinem Monatslohn nicht an die Bank geht, das frisst das arg sanierungsbedürftige Haus im Brandenburgischen, das er kurz nach der Wende für die Familie kaufte und nun allein bewohnen muss. Nichts darin sei fertig, vieles nur notdürftig hergerichtet, weil eben das Geld nur für Flickwerk ausreicht. Überhaupt, dieses verdammte Geld.

Bitter erzählte mir Matthies, dass er seinen Sohn, wenn er ihn am Wochenende bei sich zu Besuch habe, zuweilen nicht einmal ins Kino einladen könne, weil ihm die paar Mark für Tickets, Popcorn und Cola fehlten. Ein schöner Vater sei er! Jahre würde das noch so andauern, vorausgesetzt, er behielte seinen Job. Wenn er arbeitslos würde und die Monatsraten nicht mehr kämen – bei der Privatisierung der Berliner Wasserbetriebe gar keine so fernliegende Gefahr –, würde sich die Bank an Haus und Grundstück schadlos halten. Aber selbst wenn alles so weiterlief wie bisher: Was – so kam er endlich andeutungsweise auf unsere Beziehung zu sprechen – was solle eine Frau wie ich mit einem tief verschuldeten Mann, der nicht einmal vernünftig mit ihr ausgehen, Theaterkarten und ein Glas Sekt in der Pause bezahlen könne.

Ich fragte nach, versuchte, mir ein realistisches Bild von Matthies Lage zusammenzupuzzeln. Schließlich hatte auch ich mich in den Neunzigern selbständig zu machen versucht und war damit nicht sonderlich gut gefahren. Seither wusste ich, was ein Kreditrahmen ist und wo bei mir Treu und

Glauben enden. Matthies und ich sprachen fast ausschließlich über Geschäftliches. Sein Kopf war für nichts anderes frei. Mir wurde ganz bange mit diesem verbitterten, so ganz und gar hoffnungslosen Menschen.

Am Ende sahen wir nur noch wortlos zu, wie die Kerzen vor uns auf dem Tisch herunterbrannten. Obwohl es eigentlich ein wunderbar warmer Septemberabend war, krochen mich kalte Schauer an. Konnte ich Matthies irgendwie helfen? Natürlich bin ich der festen Überzeugung, dass in einer funktionierenden Partnerschaft auch wirtschaftliche Probleme gemeinsam bewältigt werden können und müssen. Doch wie stand ich eigentlich zu Matthies, den ich seit zwei Wochen kannte? Nach allem, was ich jetzt gehört hatte, durfte ich nicht weiter lässig unsere Beziehungs-Situation ›auf mich zukommen lassen‹. Es ging einfach nicht an, Matthies gelegentlich zum Tennis oder zu einem romantischen Candlelight-Dinner einzuladen und seine handfesten Sorgen zu ignorieren. Aber war diese vage Beziehung zwischen uns überhaupt tragfähig? Was tun?

Im Grunde antwortete in dieser Nacht mein Körper für mich: Als Matthies mich später in den Arm nahm und küsste, wurde ich vor Abwehr ganz steif. Ich wollte nicht mehr, dass er mir näher kam. Matthies ging traurig, als hätte er ohnehin nichts anderes erwartet.

Mir war ganz schlecht. Und kalt. Ich weiß nicht,

wie lange ich unter meiner Dusche stand und in endlosen Kaskaden heißes Wasser über Gesicht und Rücken laufen ließ. Bis ich endlich durchgewärmt und müde genug war, ins Bett zu gehen. Traumlos und tief schlief ich in dieser Nacht. Und bekam so meinen Kopf frei. Am nächsten Morgen spürte ich das beruhigende Gefühl in mir, richtig entschieden zu haben.

Sir John's Story

Zwei angenehme Termine standen in diesen Herbst-
tagen noch an: Das ISTAF, das berühmte Berliner
Leichtathletik-Sportfest, und die Verleihung des
ostdeutschen Medienpreises »Goldene Henne« im
Friedrichstadtpalast.

Die Einladung zum ISTAF nahm ich aus sportlichen wie geschäftlichen Gründen an. Natürlich
schaue ich gerne für ein paar Stunden live Welt-
klasse-Läufern oder -Werfern im Stadion zu, eine
aufregende Unterhaltung. Anschließend gibt es
dann im VIP-Bereich noch einen Cocktail, bei dem
sich neben Sportlern, Trainern, Leuten aus dem
Sport-Management, Politikern und Journalisten
auch viele ISTAF-Sponsoren und Prominente aus
der Berliner Wirtschaft sehen lassen. Geschäft und
Sport mischen sich hier ungezwungen. Nicht
zuletzt deswegen stürzte ich mich fröhlich in den
Party-Small-Talk. Mit einem gut aussehenden Italiener um die Fünfzig kam ich ins Gespräch. Wie
sich herausstellte, handelte er mit Automobilen. Als
Kunden konnte ich ihn zwar nicht gewinnen, aber
er wollte wissen, ob er mich gelegentlich einmal zu

einem Eis plus Cappuccino einladen dürfe? Na klar, durfte er.

Für die Verleihung der »Goldenen Henne« bekam ich wie immer zwei Karten geschickt. Mit welchem Begleiter sollte ich dieses Jahr in den Friedrichstadtpalast gehen? Mein netter Tennispartner Georg freute sich, als ich ihn fragte. Ihm bedeutete so ein Prominenten-Spektakel eine völlig andere Welt, auf die er durchaus neugierig war. Und ich traf an dem Abend viele alte Freunde und Bekannte wieder: Ein Lächeln hier, ein aufmunterndes Wort dort, sicher, vieles ist nur flüchtig. Trotzdem nehme ich aus solchen Abenden das angenehme Gefühl mit, dass meine Jahre bei der Show und Revue nicht ganz spurlos vergangen sind. Dass es viele Leute gibt, die gerne mit mir zusammengearbeitet haben und sich ebenso gerne daran erinnern. Außerdem spüren wohl die meisten, die da alljährlich zur »Goldenen Henne« zusammenkommen, noch einen ganz besonderen Impuls: Wir treffen uns zu dieser Preisverleihung im Friedrichstadtpalast, um einer Frau zu gedenken, der wir so viele unterhaltsame Stunden zu verdanken haben und die durch ihre schwere Krankheit leider viel zu früh von der Lebens-Bühne abtreten musste, Helga Hahnemann. Wie oft haben wir mit dieser klugen und lebenslustigen Frau zusammen in der Garderobe gesessen, geredet, gelacht und manchen bedenkenswerten Satz mitgenommen. Ich war sehr froh, dass die *Super Illu*, zusammen mit anderen Initiatoren, diesen Preis gestiftet hat, um an Helga, die große Künstlerin und den großen Menschen, zu erinnern. Herrn Wolff, den Chefredakteur der *Super Illu*, kenne ich mittlerweile ganz gut und freute mich, als er mein erstes Buch in seiner Zeitschrift vorabdruckte. Ich glaube, die Super Illu-Leser sind vorwiegend die Leute aus dem Osten, die ihren Stars von ›damals‹, so auch mir, treu blieben. Die wissen wollen, was aus ihnen geworden ist.

Georg und ich amüsierten uns bei der »Goldenen Henne« ganz gut. Die Sache wäre hier eigentlich gar nicht weiter erwähnenswert, aber es gab ein etwas kurioses Nachspiel: Einige Tage später meldete sich nämlich eine nette Redakteurin der *Super Illu* bei mir, die die Fotoreportage über die »Henne«-Preisverleihung bearbeitete. Sie habe da ein sehr gelungenes Foto und wolle das gerne ins Blatt bringen. Nur interessiere sie, wer denn der gut aussehende Herr in meiner Begleitung sei. Na sicher, Promi-Klatsch gehört nun einmal dazu. Früher habe ich dieses Jagen nach irgendwelchen aufregenden Neuigkeiten gehasst und auch schlechte Erfahrungen mit westlichen Klatsch-Kolumnisten gemacht. Inzwischen akzeptiere ich, dass diese Art von Presse auch ihren Platz hat. Eben weil sich das Publikum nicht nur für Fakten, sondern auch für die kleinen Begebenheiten drumherum interessiert.

Schließlich sind wir doch alle neugierig! Spontan-frech sagte ich der Redakteurin ins Telefon: »Es ist mein Tennis-Lehrer.«

Das war ihr nun offenbar nicht informativ genug. Sie wollte den Namen und vor allem wissen, ob er denn nicht »etwas mehr als der Tennis-Lehrer« sei. »Nein, absolute Fehlanzeige«, erklärte ich strikt. Ich wollte auf keinen Fall eines Presse-Gags wegen meine Freundschaft zu Irina und Georg strapazieren. »Ich spiele mit diesem wirklich glücklich verheirateten Bekannten nur hin und wieder Tennis. Es wäre sehr ärgerlich, wenn Sie etwas anderes in der Bildunterschrift behaupteten.« Die Journalistin akzeptierte das. Es sei zur Ehre der *Super Illu* gesagt, dass ich mit dieser Redaktion immer gut hingekommen bin, auch wenn einmal Klartext zu reden war.

Aber die junge Frau verstand ihr Handwerk und ließ nicht locker: »Frau Seyfert, wo wir nun schon beim Thema sind, hat sich denn sonst irgendetwas Bedeutsames in Ihrem Privatleben ergeben?« Nein, es hatte sich rein gar nichts ergeben. Irgendwie klang dieser harsche, aber leider allzu wahre Satz noch ein paar Stunden nach diesem Telefonat in mir nach: Rein gar nichts!

Nicht einmal die Verabredung mit Herrn Rainer aus dem Club DUE hatte funktioniert. Ein paar Stunden bevor wir uns im ›Café Wien‹ treffen wollten, entschuldigte er sich bei mir mit heftigen Zahnschmerzen. Na gut, dachte ich, das kann passieren, und wünschte ihm Besserung. Da mein Nachmittag nun frei war, rief ich kurz entschlossen Herrn Doktor Friedrich noch einmal an. Eigentlich hatte er sich melden wollen. Ich baute ihm sogar mit einer kleinen Legende eine Brücke: Mein Handy sei mehrere Tage lang technisch ausgefallen, und ich fürchtete nun, er habe sich umsonst bemüht, mich zu erreichen. Der zerstreute Mediziner brauchte zunächst wieder eine Hilfestellung, bis ihm einfiel, dass es sich um »die Sportliche« handelte. Dann ging er über die Gesprächs-Brücke und behauptete, den Zettel mit meiner Handy-Nummer vor sich auf dem Schreibtisch liegen zu haben, es sei doch die 019044 ... Natürlich las er die Telefonnummer irgendeiner anderen CLUB DUE-Kandidatin oder einer Patientin vor. Kurz angebunden diktierte ich ihm, nunmehr zum dritten Mal, meine Handy-Nummer und verabschiedete mich.

Nach diesen beiden Telefonaten kochte es in mir: Herr Rainer hatte schließlich von sich aus den Kontakt zu mir gesucht und versetzte mich jetzt unter einem höchst fadenscheinigem Vorwand. Und nun noch dieser Mediziner. So'ne Blödmänner.

Sehr tröstlich war da, dass mich Sir John dringlich zu einem schönen Ausflug in die Weingegenden um Dresden einlud. Es sei jetzt genau die richtige Zeit für den »Federweißen«. So heißt ein perlender, durch Hefe noch getrübter Jungwein, der unmittelbar nach der Gärung getrunken wird. Am besten auf der Terrasse eines alten Weingutes. Er kenne da herrliche Fleckchen ... Spontan sagte ich meinem Ritter zu und erlebte ein wirklich angenehmes Wochenende, fast wie in einer anderen Welt. Wir fuhren an sanften Hügeln und manchmal recht steilen Weinbergen mit denkmalgeschützten Terrassenmauern vorbei, durch idyllische Winzerdörfer. An der »Sächsischen Weinstraße«, die sich fünfundfünfzig Kilometer lang zwischen Pirna und Diesbar-Seußlitz erstreckt, pflegt man traditionell einen guten Tropfen. Sir John steuerte uns zu einem jahrhundertealten Gasthof bei Meißen, mit dessen Wirt er schon vor Jahren Bekanntschaft geschlossen hatte. Dort gönnte er sich seither in jedem Herbst den exklusiven Genuss, auf einer sonnigen Terrasse Wein zu trinken, der genau auf dem Berg hinterm Haus reifte. Ich teilte seinen Traumausflug in die Welt des Genusses gern.

Der Winzer-Wirt setzte sich für einen Moment zu uns, erzählte davon, dass seit 800 Jahren in den sächsischen Weindörfern die Rebstöcke gehackt, Trauben gekeltert, Fässer gefüllt werden. Ich schloss die Augen und versuchte, mir die Gegend hundert oder zweihundert Jahre früher vorzustellen: Die Häuser sahen anders aus, die Weinterrassen waren die gleichen. Sanft strich die warme Sonne über mein Gesicht, vorsichtig berührte Sir Johns Hand die meine. Die Sonne strahlte unvermindert. Und der Wirt freute sich darüber, dass 1999 bestimmt ein guter Jahrgang werde. Winzer wären eben noch mehr als andere Landwirte vom Wetter abhängig. Das Klima des oberen Elbtales sei dem Wein zwar günstig, setze den Rebstöcken allerdings mit manchmal eisigen Wintern und Frühjahrsfrösten zu. Trotzdem sei Meißener Wein nach wie vor ein Geheimtip: Klassisch sächsisch trocken. Wie unser Wirt das Motto der sächsischen Winzer in die Runde schmetterte, spürte man seinen Stolz auf den Müller-Thurgau vom Berg hinter uns und den Goldriesling da drüben! Bestimmt war es gar nicht so einfach, mit den soliden sächsischen Qualitätsweinen den Herausforderungen der in- und ausländischen Konkurrenz zu trotzen. Da musste man seinen Weinberg schon von ganzer Seele lieben!

Außerdem, so verriet mir Sir John später, verschwände der Wirt in festem Rhythmus in einem geheimnisvollen Keller. Dort lägen ein paar hundert reifende Sektflaschen mit dem Flaschenhals nach unten in besonderen Regalen. Sie müssen während der Gärung einige Wochen lang in bestimmten Intervallen vorsichtig von Hand kurz gerüttelt und etwas gedreht werden, damit sich die Resthefe absetzt und nach unten in den Flaschenhals rutscht. Die Sekte, die man normalerweise in den Supermärkten bekommt, werden in großen Tanks gegoren und maschinell gerüttelt. Bei unserem Meißener Wirt entstand der Sekt noch so natürlich, wie er schon seit Jahrhunderten in der Champagne gemacht wird. Selbstverständlich wollte ich den Keller sehen. Wir bekamen dann sogar einen fertigen handgerüttelten Winzersekt aus dem Vorjahr zu kosten. Dessen Aroma, ach was, der ganze Tag, war etwas Besonderes. Wie eigentlich alles, was ich mit Sir John erlebte.

Der hatte vorgesorgt und uns in dem Weingasthof, zu dem auch eine kleine Pension gehörte, zwei Zimmer bestellt. So konnten wir ohne jeden Gedanken an das Auto und die Promille-Grenze genüsslich schlemmen. Sir John war bei alledem der galante Kavalier, der sich wohl zu bescheiden wusste. Es gefiel ihm, mit mir das Wochenende zu verbringen, es gefiel ihm sichtlich! Aber er trat mir ganz bewusst nicht zu nahe, war mit einem Kuss auf die Wange zufrieden. Und genoss es, mir gelegentlich väterlich-charmant kleine Vorträge zu halten. Zum Beispiel darüber, dass moderater Weingenuss nicht nur vorm Herzinfarkt schütze, sondern auch gegen bestimmte Krebserkrankungen vorbeuge. Das belegen verschiedene wissenschaftliche Studien. Na, wenn das nichts ist! Prost! So heiter und unbeschwert wie mit meinem Sir John auf der Weinterrasse bei Meißen hatte ich mich lange nicht mehr gefühlt.

Als es draußen zu kühl wurde, zogen wir uns in eine gemütliche Ecke der Gaststube zurück und plauderten munter über alles mögliche. Irgendwann fragte ich Sir John neugierig, was es denn mit seinem Adelstitel für eine Bewandtnis habe. Da bekam unser heiteres Gespräch eine dunkle Note, es drehte sich nun um Weltgeschichte, Gewalt und tragisches Schicksal. Dass die Familie Noble 1945 in Dresden enteignet, Vater und Sohn verhaftet und schließlich John Noble in einem sowjetischen Lager Zwangsarbeit leisten musste, hatte ich schon in jenem Artikel des Wirtschaftsmagazines gelesen. Jetzt hörte ich die ganze bittere Geschichte.

Das Verhängnis begann für John Noble im Jahr 1938. Er steckte damals in Dresden mitten in der Ausbildung zum Technischen Kaufmann, um anschließend gemeinsam mit seinem Bruder die Kamera-Werkstätten in eigene Regie übernehmen zu können. Da brach der Zweite Weltkrieg aus. Zwar erkundigten sich die Nobles angesichts der veränderten Umstände, ob es für US-Amerikaner denn ratsam sei, weiter in Deutschland zu bleiben, aber die Auskunft der USA-Behörden lautete, »dass eine Verwicklung in diesen Krieg nicht stattfinden würde«. Also führten Vater und Söhne ihren Betrieb weiter, in dem 1939 die »Praktiflex«, die erste Kleinbild-Spiegelreflexkamera der Welt, entwickelt wurde. Stolz erklärte mir Sir John, dass sie damals die ersten erfolgreichen Versuche zum Einsatz eines heute noch marktüblichen Prismas zur Wiedergabe eines seitenrichtigen Bildes im Sucher machten. Aber die Politik und der Krieg holten die Kamerabauer ein: 1941 wurde die Familie Noble, wie 900 andere noch in Deutschland befindliche US-Amerikaner, interniert. Als im Frühjahr 1945 die sowjetische Armee Dresden eroberte, zog

John auf dem Dach der Villa auf dem Weißen Hirsch die wohl verwahrte amerikanische Fahne auf, also die Farben einer mit den Sowjets alliierten Macht. Es nützte ihnen herzlich wenig. John und sein Vater Charles wurden verhaftet, John, der gerade seinen 22. Geburtstag gefeiert hatte, zu 15 Jahren Zwangsarbeit verurteilt.

Über verschiedene Gefängnisse und Lager gelangte er schließlich ins russische Workuta, 160 Kilometer nördlich des Polarkreises. Dort mussten die Häftlinge im Bergwerk arbeiten. Sie hungerten, litten unter der Kälte des Polargebietes. Der junge Deutsch-Amerikaner versuchte mit all seiner Willenskraft diese schweren und deprimierenden Situationen zu bewältigen. Unter diesem Druck gewann er ein neues Verhältnis zum Christentum. »Ein Häftling, der nie zuvor auf Gott vertraute und sich jetzt einer teuflischen Macht gegenüber nicht zu helfen wusste, war offen für das Wort Gottes«, schrieb Sir John später in einem seiner Bücher. Er lernte in Workuta russisch, um sich mit Wachleuten und Häftlingen verständigen zu können. Irgendwann schaffte er es über Umwege, heimlich eine Postkarte an seine Familie in Detroit zu schicken, um zu signalisieren, dass er überhaupt noch lebte.

Sein Fall wurde von der amerikanischen Presse aufgenommen, verschiedene öffentliche Stellen setzten sich für Johns Freilassung ein, am Ende sogar US-Präsident Eisenhower persönlich. Irgendwann wurde tatsächlich dem Häftling Noble in Workuta mitgeteilt, dass er wohl demnächst freikäme. Das Schicksal wollte es, dass kurz darauf eine schwere Typhus-Epidemie gerade denjenigen Lagerteil heimsuchte, in dem John Noble untergebracht war. Wer sich mit Typhus ansteckte, wurde einfach in einer Baracke für die Schwerkranken isoliert. Die Wachmannschaften wie die übrigen Gefangenen machten einen großen Bogen um diese Baracke. Niemand wollte sich infizieren. Die Typhus-Kranken blieben mehr oder weniger ihrem Schicksal überlassen.

In dieser Situation forderte der Lagerkommandant, dass sich Gefangene freiwillig melden sollten, um bei den Schwerkranken in der Isolier-Baracke als Pfleger Dienst zu tun. In den beinahe zehn Lagerjahren hatte John Noble Unbarmherzigkeit und Barmherzigkeit erfahren, von unterschiedlichsten Menschen unterschiedlichster Nationalitäten. Nicht selten hatte das eigene Leben von der Haltung und Hilfe der Mithäftlinge abgehangen. John Noble wollte für die christlichen Werte, für Menschlichkeit und Barmherzigkeit einstehen. Irgendjemand musste die todkranken Kameraden doch pflegen. Natürlich war auch er sich über die riesige Ansteckungsgefahr im Klaren. Und außerdem hoffte er ja, bald alles hinter sich zu haben, das Lager im hohen Norden, die Kälte, den Schmutz. Trotzdem meldete er sich.

Wochenlang ging er zum Krankendienst in die

Isolier-Baracke, betreute die Typhuskranken so gut es unter den Umständen dort eben ging. Das Wunder geschah: Er selbst steckte sich nicht an und konnte tatsächlich Leben retten. Elf Männer überstanden die Epidemie.

John Noble kam 1955 frei, konnte in die USA zurückkehren und engagierte sich fortan international für Freiheit und Gerechtigkeit. Durch die im Lager Geretteten erfuhren auch andere Menschen vom Mut des jungen Amerikaners, unter anderem ein Neffe des Zarensohns, Alexej Nikolajew Romanow. Der wiederum wandte sich an den Prinz de Bure, der schließlich im Jahr 1979 dafür sorgte, dass John Noble zum Ritter des christlichen Malteser-Ordens »Order of St. John of Jerusalem« geschlagen wurde.

Als Sir John mit seinem Bericht zum Ende gekommen war, saßen wir still in der gemütlichen Gaststube unterm Weinberg. Da hatten wir uns nun tagsüber üppig an den Schönheiten und Genüssen der Welt erfreut, und so nachdenklich war unser Abend ausgegangen. Trotzdem fand ich es richtig, dass mir Sir John seine ganze Geschichte erzählt hatte. Die Welt besteht nun einmal aus Tag- und Nachtseiten.

Kontakt-Marathon

Irgendwie ging mir meine Einsamkeit zunehmend auf die Nerven. Was nützte es da, wenn ich in irgendwelchen Illustrierten las, dass wir uns im Zeitalter der Singles befinden, mit wachsenden Scheidungszahlen und der Ehe als ›Auslaufmodell‹. Gibt es denn überhaupt keine glücklichen Paare mehr?

Scheint so, denn falls nicht gerade irgendeine Kronprinzessin geheiratet hat, wird über Ehen nur aus der Negativ-Perspektive geschrieben: Jeder dritten Hochzeit folgt heutzutage eine Scheidung, in Berlin übrigens jeder zweiten. Und wenn ich mir so meine aktuellen Kommunikationsversuche vor Augen führte, umwerfend gut lief das alles nicht.

Eigentlich hatte ich überhaupt keine Lust mehr auf die xte Auflage eines strohtrockenen »Café Wien«-Dates. Andererseits rechnen einem die Mediziner vor, dass allein stehende Menschen ein wesentlich höheres Erkrankungs- und Unfallrisiko als diejenigen haben, die in – wie gut oder schlecht auch immer funktionierenden – Partnerschaften leben. Geschiedene Personen sind unter anderem häufiger an Verkehrsunfällen beteiligt, begehen öfter Selbstmord und haben eine höhere Rate psychischer Erkrankungen. Na sicher: Wer sich zu Hause seinen Alltagsstress von der Seele reden oder schmusen kann, der findet ihn nicht mehr so bedeutungsvoll wie derjenige, der in Ermangelung sonstiger Kommunikation noch beim Abendbrot den verpatzten Small-Crash mit dem Chef durchspielt und nachts vom Stau auf der Straße zum Büro träumt. Nachdem ich das alles wieder einmal durch Kopf und Herz bewegt hatte, nahm ich mir vor, am kommenden Sonntagmorgen brav meine nächste Pflichtrunde durch die Partner-Anzeigen-Spalten zu drehen.

Angenehmerweise stand in der Mitte der Woche auch noch die verschobene Friedrichstadtpalast-Verabredung mit Herrn Claus vom Leipziger Computer- und Software-Unternehmen an. Es war geplant, dass wir uns vorher noch zum Essen treffen. Just an diesem Mittwoch klingelte mein Bürotelefon und ein Freund aus Syrien, Body Suleiman, meldete sich. Mein Gott, Body Suleiman, wie lange hatten wir uns nicht gesehen? Als ich noch ein junges Mädchen von 22 Jahren war, studierte er in meiner Heimatstadt an der Technischen Hochschule. Er verliebte sich ein wenig in mich. Natürlich rein platonisch, denn ich war ja damals in Eberhards festen Händen, und das akzeptierte Body. Gemeinsam haben wir viel unternommen, saßen manchen Abend zusammen. Dann machte er sein Diplom und ging in seine Heimat zurück. Es muss jetzt zehn Jahre her sein, da telefonierten wir einmal miteinander. Aber gesehen, gesehen hatte ich Body seit den lustigen Studentenfesten nicht mehr. Body erklärte mir nun, dass er Himmel und Hölle in Bewegung gesetzt habe, um endlich an meine aktuelle Telefonnummer zu kommen. Schließlich gelang es ihm über ehemalige Chemnitzer Bekannte: »Ich bin nur heute in Berlin, ganz kurz im ›Kempinksi‹, mit einem Freund, ein Prinz aus Saudi-Arabien, Geschäftsmann, mehrfacher Milliardär. Ich begleite ihn durch Europa. Können wir uns heute noch sehen?«

So ist das nun, abendelang zupfe ich gelangweilt in meinem Garten Unkraut und wässere den immer noch nicht englischen Rasen, und dann fallen zwei tolle Einladungen auf den gleichen Moment.

Mit ein bisschen Organisation habe ich es geschafft: Herr Claus wurde zum Essen ins ›Kempinski‹ dirigiert, und zwei Stunden zuvor traf ich mich dort mit Suleiman. Es war ganz lustig, er beschrieb mir seinen Milliardär: 54 Jahre alt, mit vierzehn Frauen und 25 Enkeln. Der Mann lebte ja wohl in jeder Hinsicht exzessiv. Ich lernte ihn sogar noch kurz kennen. Er wirkte auf mich ganz unkompliziert und ausgeglichen. Jedenfalls sah man ihm weder den Job- noch den Familien-Stress an. Kunststück, wenn man ein Großteil seiner Pflichten auf Mitarbeiter und Bedienstete delegieren kann.

Mein Herr Claus kam dann auch ganz pünktlich ins ›Kempinski‹. Wir hatten tatsächlich noch Zeit, einen Happen essen zu gehen, und zwar im Hof vom ›Kempinski‹. Ich erinnerte mich an mein Rendezvous mit Walter Bär und dessen Abneigung gegen gerade dieses Restaurant. Nun, es bot russische Küche, ich bekam einen sehr guten Fisch, alles war in Ordnung. Und dann sind wir auch noch pünktlich in den Friedrichstadtpalast gekommen. Geschafft.

Ich bin immer etwas wehmütig, wenn ich im Palast sitze. Es war eine tolle Zeit, als ich hier noch die Shows mit herausbrachte, meine Eislaufmädels coachte, selbst auf unserem Eisrondell vor dem riesigen Glitzervorhang lief und sprang. Jedenfalls fühle ich mich immer wieder wohl in den roten Palast-Plüschsesseln. Das aktuell laufende Programm »Elements« kannte ich zwar schon von der Premiere, aber es hat mir auch beim zweiten Ansehen gut gefallen.

Ab und zu beobachtete ich meinen Begleiter aus den Augenwinkeln: Wie kamen Musik, Glamour und Ballettgirls bei einem wohl eher sachlichen Computermenschen an? Siehe da, auch Herr Claus konnte sich für die Show begeistern. Als wir nach dem letzten Beifall auf die Uhr schauten, war es schon elf. Zu spät, um noch irgendwo einen Kaffee trinken zu gehen. Herr Claus musste noch nach Leipzig zurückfahren und sich deswegen gleich verabschieden. So versicherten wir uns gegenseitig, uns sehr sympathisch zu finden. Man könne sich ja einmal wieder treffen, vielleicht sogar miteinander Tennis spielen. Alles klang freundlich, doch auch voller Zurückhaltung. Wir würden sehen, wie es weiterging.

Trotzdem schaute ich mir weiter aufmerksam die Annoncen-Seiten der Zeitungen an. Zwischen eher feuilletonistischen als ernst zu nehmenden Angeboten von *Nordlicht sucht keine platte Flunder, sondern eher etwas zum Anbeißen* bis *Die Versuchung ist weiblich, der Genuss ist männlich, jede Begegnung ist göttlich* fand ich eines Tages wieder ein ansprechendes CLUB-Angebot:

Sportlicher Typ, 50, 1,80, humorvoll, unkonventionell und trotzdem im Beruf sehr durchsetzungsfähig, sucht eine starke, attraktive Frau, die gut allein klar kommt und sich trotzdem nach Liebe und Geborgenheit sehnt.

Also rief ich Vermittlerin Rosenthal an, die wieder einmal in ziemlicher Hektik zu sein schien, mir aber die Telefonnummer des »sportlichen Typen« gab. Mein Anruf dort klappte sofort. Den Namen des Mannes verstand ich nicht gleich, hörte aber mitten in meine ersten Sätze hinein vom anderen Ende der Strippe ein erstauntes: »Gaby, du?«

»Ja, wer ist denn da?«

152

Nicht zu fassen, es war Meister Zweibaum, der nette Handwerker, dem mich die Rosenthal schon einmal vermittelt hatte. Damals lief er in der Annonce als der Mann, dem vor lauter Arbeit »wenig Zeit, um dich zu suchen« blieb und den »seine beiden Betriebe« ganz schön in Anspruch nahmen. Dieses Mal wurde er als der humorvolle, durchsetzungsstarke Typ präsentiert. Ich beschloss, den Zwischenfall von der komischen Seite zu nehmen. Sehr groß schien das Rosenthalsche Reservoir an Herrn um die Fünfzig ja nicht auszufallen. Meister Zweibaum wunderte sich vor allem darüber, dass schon wieder eine Anzeige von ihm in der Zeitung gewesen sein sollte. Eigentlich habe er doch im Moment überhaupt keinen Nerv für irgendwelche Verabredungen. Zweibaums Frau war inzwischen unter größerem Skandal ausgezogen. Aber jetzt hing er doch wieder an ihr. Vor lauter Kummer stürzte er sich noch mehr in die Arbeit als zuvor, der arme Kerl.

»Und du, Gaby, wie läuft es bei dir?«

Was sollte ich dazu sagen. Wir schwatzten noch ein wenig miteinander, zogen über die merkwürdigen Geschäftsgebaren des Rosenthalschen Clubs her. Zweibaum vermutete, dass die Vermittlerin ohnehin nur fiktive Anzeigen in die Zeitung setzte und bei den Anrufen ihrer Klienten dann einfach auf ›gut Glück‹ Telefonnummern aus dem Karteikasten griff. Aus Versehen hätte ich ihn eben zweimal zugeteilt bekommen. Möglich. Es würde zumindest erklären, warum sie bei meinen Anrufen oft so herumlavierte. Was soll's.

Meister Zweibaum und ich wünschten uns schließlich Glück. Ich denke, ich werde ihn bestenfalls dann noch einmal kontakten, wenn ich einen Bauinstallateur benötige.

Aber weil ich nun schon einmal bei einem meiner ersten Annoncen-Klienten gelandet war, probierte ich, ob denn Rosenkavalier Walter Bär zu erreichen wäre. War er, aber es ging ihm gar nicht gut. Er berichtete mir von seiner mittlerweile 123. Verabredung, die er vor ein paar Tagen hinter sich gebracht, aber immer noch nicht ganz verdaut hatte.

Auf Vermittlung einer Agentur war ein Kontakt mit einer Polin zustande gekommen, und diese Frau ließ sich von ihrem Sohn nach Berlin fahren, um sich bei Walter vorzustellen, Hunderte von Kilometern irgendwo von den Masurischen Seen. Walter beschrieb sie mir als durchaus sympathische Erscheinung. Sie sprach auch leidlich Deutsch, aber was sollte er mit einer Polin am Ende der Welt. So könne man sich doch nicht kennen lernen. Die Frau hatte das Kontaktangebot offenbar völlig missverstanden. Sie wollte sofort dableiben, bei ihm, in seinem Haus. Geradezu angefleht habe sie ihn. Wo sie herkäme, ginge es ihr nicht sonderlich gut. Sie würde ihm in jeder Hinsicht eine vorzügliche Frau sein. Er solle es nur ausprobieren. Walter fand, dass die

Welt ziemlich aus den Fugen geraten sei, wenn eine augenscheinlich nette und nicht unintelligente Person sich zu so einem Angebot hinreißen lasse. Sie habe ihm Leid getan. Aber das sei doch keine Basis für eine gute Partnerschaft. Überhaupt, diese ewigen Verabredungen. Am Ende käme doch nichts dabei heraus. Walter Bär war der Sache ziemlich überdrüssig. Traurig meinte er, dass es wohl auch mit ihm und mir nichts geworden wäre. Mein Leben verliefe doch viel rasanter als seins.

Sonderlich tröstlich fand ich es nicht, dass es meinen beiden Date-Partnern vom Sommer in der Zwischenzeit ebensowenig wie mir gelungen war, sich zu verlieben.

Aber im Gegensatz zu Walter Bär kämpfte ich gegen die Resignation an. Es gab doch so viele Mittel und Wege. Noch hatte ich nicht alles ausprobiert, zum Beispiel diese Tanzabende im CLUB DUE. Überhaupt wollte ich den CLUB endlich einmal selbst in Augenschein nehmen. Während die Rosenthal ihre Clubveranstaltungen über den grünen Klee gelobt hatte, fanden sie die meisten meiner bisherigen DUE-Gesprächspartner offenbar eher fad. Also hegte ich keine sonderlich großen Erwartungen.

Es handelte sich beim CLUB DUE ganz gewiss nicht um eines jener ehrwürdigen Etablissements, zu denen man eine weiße, marmorsäulengerahmte Freitreppe hinaufschreitet. Oder in deren dezent beleuchteten Sälen dicke Perserteppiche jeden Schall dämpfen, man in schwellenden Polstersesseln versinkt und befrackte Kellner den Whisky oder Sherry in dickwandigen Kristallgläsern servieren. Ich vermute, derartige feudale Herrenclubs existieren überhaupt nur in englischen Krimis. Und da ich nicht in so einem Krimi das Opfer oder gar die Hauptverdächtige abgeben, sondern ganz unspektakulär einen netten Mann kennen lernen wollte, nahm ich es hin, dass sich mein Partnerclub in einem hässlichen Steglitzer Betonklotz eingemietet hatte.

›Samstags Tanz für Alt und Jung, mit viel Schwung‹ kündigte der DUE-Programmzettel mit etwas holprigem Reim an und forderte immerhin die Mitglieder zu angemessener Kleidung auf. Gutwillig deutete ich dies als ein positives Vorzeichen für eine angenehme Atmosphäre, nette Gespräche, dezente Tanzmusik. Es machte mir an diesem Nachmittag richtig Spaß, zu Hause vor dem Kleiderschrank zu probieren, ob es nun lieber das ›Kleine Schwarze‹ oder das ›Freche Rote‹ sein sollte. Natürlich bringe ich mich stets, wenn ich – sei es für den Job, sei es privat – in die Öffentlichkeit gehe, in bestmögliche Form. So war das immer, seit ich mich unter Muttis kritischen Blicken vor vielen vielen Jahren zum ersten Mal für einen Kürauftritt selbst schminkte. Ich mache mich gern zurecht. Gelernt ist gelernt.

Mein Gott, wenn ich daran denke, wir hatten da-

mals so kleine Tuschkästchen, die feste, oft bröck-
lige Farbe musste mit einem Tropfen Wasser ange-
weicht und dann mit dem Pinsel tüchtig glattge-
rührt werden. Mal wurde sie dabei zu dünnflüssig
und verlief auf dem Augenlid sofort, mal wurde sie
nur klebrig dick und ließ sich schlecht verteilen. Die
erste Mascara aus dem Westen, eine Wimpernspi-
rale mit flüssiger Tusche, die man nur noch aufzu-
schrauben brauchte, war eine Sensation. Ich ge-
nieße es heute sehr, über ein sorgsam ausgesuchtes
Reservoir an Döschen, Tiegeln, Farbpaletten, Pin-
selchen und Puderquasten auf dem Schminkregal
im Badezimmer zu verfügen. Und ich nehme mir
die Zeit, mich perfekt zu stylen.

Wie lautet dieser freche Spruch: Ich bin noch
genau so schön wie früher, es dauert nur länger. Hat
den nun ein selbstbewusstes Frauenzimmer oder
ein boshafter Mann erfunden? Ach was, natürlich
eine Frau! Wer behauptet denn, dass unsereins nicht
mit dem Alter umgehen kann. Durchdachte Pflege, Sport, gescheite Ernährung und natürlich
gekonnte Präsentation. Ich finde, jede Frau ist sich
das vor allem selbst schuldig. Natürlich, alltags, fürs
Büro oder für die Kundentermine, sind eher sach-
liches Make up und Outfit angesagt, bestenfalls
sportliche Eleganz.

An diesem Herbstabend wollte ich allerdings
tanzen, Anklang finden, mich vielleicht sogar verlieben. Wer weiß? Also nahm ich mir für meinen
Spiegel Zeit.

Nun, ich hatte ja keine teuer-edlen Räumlichkeiten, aber doch so eine gewisse Gediegenheit erwartet. Die ersten Zweifel kamen mir bereits, als ich in einem heruntergewirtschafteten Bürohochhaus aus den siebziger Jahren nach dem Aufgang suchte, in dem der CLUB DUE zu finden sein sollte. Nachdem ich mit einem rumpelnden, ramponierten Fahrstuhl in die CLUB-Etage gefahren war, bereute ich es sofort, mir ein elegantes Kleid herausgesucht zu haben. Jeans und einer meiner besseren Gartenpullover hätten es allemal getan. Das CLUB-Schild hing an einer ganz gewöhnlichen Bürotür. Nachdem die sich auf mein Klingeln hin geöffnet hatte, fand ich mich in eine Art Gartenvereinslokal versetzt: Kleine schummrige Gaststube mit winziger Tanzfläche, bunte Girlanden und Glühbirnenketten, lärmende Fröhlichkeit, abgestandener Zigarettendunst, Stapel von Bier- und Mineralwasserkästen neben der Bar, um die sich einige mittelalte Herren lümmelten. An den Tischen zumeist Frauen zwischen Vierzig und Fünfzig, ein paar ältere Männer. Das war's.

Eigentlich hatte ich Lust, auf dem Absatz kehrt zu machen. Andererseits: Da war ich nun einmal den Weg von meinem nördlichen Vorort quer durch die ganze Stadt gefahren, und zu Hause erwartete mich vermutlich nicht einmal meine Katze. Funny war stromern. Weiß der Himmel, mit wem sie Bekanntschaft geschlossen hatte. Also blieb ich.

An der Tür in Empfang genommen hatte mich Frau Mona, eine unablässig fröhliche Mittdreißigerin, die hier offenbar als Animateurin angestellt war. Sie ließ sich die Mitgliedskarte zeigen, redete mich, ohne mich zu fragen, ob es mir recht sei, ungerührt mit ›Du‹ und ›Gaby‹ an und brachte mich an dem Tisch der ›Neuen‹ unter.

Die meisten der dort schon versammelten neuen DUE-Mitglieder waren weiblich und sichtlich nicht mehr ganz taufrisch. Als einziger männlicher Vertreter saß ein etwas blass und gehemmt wirkender Jüngling um die Dreißig mit in dieser Runde. Ich holte mir von der Bar ein Glas Weißwein – selbstverständlich funktionierte diese Kleingärtner-Fete mit Selbstbedienung – und schaute in die Runde: Irgendwelcher Schlager-Mischmasch quoll aus den Lautsprecherboxen. Die Szene belebte sich allmählich, Leute begrüßten sich laut und mit übertriebener Herzlichkeit, Küsschen hier und Küsschen da. Viele schienen einander zu kennen. Man rief sich quer durch den Raum beim Vornamen. Auch mir hatte einer der sich an der Bar langweilenden, mir völlig unbekannten Mittfünfziger ein »Hallo Gaby« entgegengeschmettert. »Müssen wir uns kennen?«, fragte ich distanziert zurück. »Nein, nein, aber wir duzen uns hier im CLUB eigentlich alle.« Eine merkwürdig kumpelige Gepflogenheit, die ich allerdings auch schon in anderen westlichen Sport- und Freizeitclubs bemerkt habe. Okay, wenn das so sein soll, dann mache ich beim allgemeinen

Du eben mit. Allerdings bezweifele ich stark, dass der Verzicht auf den diskreten Abstand des ›Sie‹, der Vereins-Zwang zum hemdsärmligen ›Du‹, tatsächlich unter einander wildfremden Menschen eine offenere, lockere Atmosphäre entstehen lässt.

Ich nahm dann aber die Gelegenheit beim Schopf und fragte diesen offenbar ›alteingesessenen‹ Herren etwas nach den sonstigen Gepflogenheiten des Hauses aus. Wie sich herausstellte, besuchte der Mann den Steglitzer Single-Tanz schon seit drei Jahren. Man träfe sich hier eben am Samstagabend, kenne einander flüchtig und sähe im übrigen ›alles nicht so eng‹. Tanzen, trinken, schmusen, viele der Anwesenden hätten da schon mal die eine oder andere kleine Liaison miteinander gehabt. Es gehe schließlich um den Spaß zum Wochenende, weniger darum, jemanden für die Dauer zu finden. Also nichts für mich. Aber das hatte ich angesichts der Lichterketten und fleckigen Tischdecken vom ersten Moment an nicht angenommen.

Viel interessanter als das klägliche Herren-Angebot erschien mir eine wunderbar schwarzhaarige Ausländerin an unserem Tisch der Neuankömmlinge. Sie stellte sich als Miriam vor, Iranerin, die in Berlin aufgewachsen war, eine Ausbildung als Zahntechnikerin absolviert hatte, später mit ihren Eltern in die Heimat zurückkehrte. Wie sich zeigte, konnte sie ihren Beruf im Iran nicht ausüben. Schließlich zog es sie, mittlerweile 35 Jahre alt, nach Berlin zurück. Wo sie aber nur bleiben konnte, wenn Sie Arbeit hatte. Miriam war einzig und allein deshalb Clubmitglied geworden, weil sie auf diese Art und Weise einen Berliner Zahnarzt kennen zu lernen hoffte, der sie in seiner Praxis anstellte. Ihre Club-Beraterin hatte ihr just für diesen Abend einen geeigneten Typen offeriert.

Ich war ziemlich skeptisch, ob dieser Plan realistisch oder vielleicht nur aus dem Mut der Verzweiflung geboren worden war. Immerhin, der versprochene Zahnarzt tauchte im Verlaufe des Abends tatsächlich auf. Und Miriam wurde ihm vorgestellt. Noch als ich ging, saßen die beiden ins Gespräch vertieft an der Bar. Ich winkte der Fremden zu und wünschte ihr im Stillen Glück. Sie hatte es, frei schwebend zwischen zwei Welten und fernab jeder Existenzsicherheit, so sehr nötig!

Immerhin mühte sich die fesche Mona über den ganzen Abend hinweg redlich, Stimmung in den Laden zu bringen. Da zunächst niemand tanzte, forderte sie ausgerechnet uns Neuankömmlinge auf, sich doch mit ihr zusammen auf die Tanzfläche zu begeben. Schließlich läge es bei uns, ordentlich Trubel zu machen. Brav erhoben sich einige der Frauen, um, angeführt von Mona, nach der CD-Schlagermusik rhythmisch im Kreis herumzustaken. Das war mir nun doch zu blöd. Kurz entschlossen forderte ich unseren blässlichen Jüngling auf, mit mir zu tanzen, und verwickelte ihn dabei ins Gespräch. Zu hören bekam ich die traurige

Geschichte einer viel zu schnell gescheiterten Ehe eines fleißigen Verkäufers, der täglich zwölf, dreizehn Stunden in einem großen Berliner Möbelkaufhaus auf den Beinen zu sein hat. Und zu Hause eigentlich nur noch seine Ruhe will. Motto: Es hat ja doch keinen Sinn. Irgendwie fühlte ich mich verpflichtet, diesen traurigen Jungen aufzumöbeln: »Aber am Anfang muss es mit Ihrer Frau doch mal schön gewesen sein? Sonst hätten Sie doch nicht geheiratet?« – »Ja, irgendwann am Anfang.« Ich gab es auf. Zum nächsten Tanz holte mich dann der Hallo-Herr von der Bar, so saß ich wenigstens nicht dumm herum.

Etwas später, die Tanzfläche hatte sich inzwischen doch gefüllt, zog mich Frau Mona neugierig ins Gespräch: Da wäre der Name auf der Mitgliederliste, und irgendwie käme ich ihr ziemlich bekannt vor. Ob es sein könne, dass ich die Eiskunstläuferin Gaby Seyfert sei? Nach meiner Bestätigung reagierte sie übertrieben euphorisch: Ach, das fände sie nun aber ganz toll, die berühmte Gaby Seyfert gehörte auch zum CLUB. Es hätte nur noch gefehlt, sie hätte das jetzt allen Gästen des Abends lauthals verkündet. Das war nicht nötig, der eine oder andere hatte es schon spitz bekommen, und auf den Promibonus legte ich keinen Wert. Sie stimmte mir zu und erzählte mir dafür in Kurzfassung die eigene Lebensgeschichte.

Sie stammte aus einer brandenburgischen Kleinstadt, hatte dort vor der Wende irgendeinen Buchführungsjob, zwei kleine Kinder und einen Mann, mit dem sie nie sonderlich zufrieden gewesen war. Nach 1990 wurde alles durcheinander gewirbelt. Mona ließ sich scheiden, machte mit einer Freundin eine Partnervermittlungsfirma auf, ging damit pleite und gelangte über Branchen-Connections an den DUE-CLUB in Berlin. Nun schlägt sie sich in der Großstadt mit ihren heranwachsenden Kindern durch. Das Geld, das sie mit einem Buchführungs-Job verdient, langt nicht. Also kümmert sie sich am Wochenende für eine mickrige Pauschale um die gute Stimmung der DUE-Clubmitglieder. Und hofft im Stillen immer noch, irgendwann einmal auf dieser kleinen schäbigen Tanzfläche einen ganz tollen Mann zu treffen.

Noch eine traurige Geschichte. Irgendwie hatte ich davon genug und fuhr nach Karow zurück. Der einzige positive Punkt dieses Abends: Ich hatte eine selbst auferlegte Pflicht erfüllt und diesen Club angeschaut. Herausgekommen war dabei überhaupt nichts. Also würde ich demnächst wieder telefonieren. Mich in irgendeinem Café verabreden. Höflich lächelnd zuhören. Und mir – noch bevor der Kellner das erste Kännchen Kaffee servieren konnte – darüber im Klaren sein, dass auch der nächste Kandidat zwar nicht unsympathisch, aber eben keinesfalls mein Mann fürs Leben sei.

Wie beschwingt hatte ich im Mai mein Projekt »Mann fürs Leben« in Angriff genommen. Mittlerweile schrieben wir Mitte Oktober. Wie viele solcher Anzeigentreffs hatte ich nun schon hinter mich gebracht – mit Null Ergebnis! So würde ich den nächsten Urlaub wohl allein planen und gestalten. So, wie ich es mir wünschte, ohne auf die Eigenarten eines Partners sehen zu müssen. Auch diese Vorstellung gefiel mir. Trotzdem nahm ich noch einen Anlauf, denn noch waren nicht alle Möglichkeiten ausgeschöpft. Ich beschloss, eine SIE-sucht-IHN-Annonce aufzugeben.

Ich hatte mich für die *Berliner Morgenpost* entschieden, sie haben dort die größten Anzeigen-Seiten. Ganz sachlich im Text: Eine Frau mit Persönlichkeit, selbstbewusst und erfolgreich, die einen passenden Mann sucht. Als Sport hatte ich Tennis und Ski angegeben, beim Alter ein bisschen geschummelt, das gehörte hier ja ganz offensichtlich zu den Spielregeln. Und natürlich wollte ich gerne ein Bild von den betreffenden Herren haben. So richtig glaubte ich nach allen Erfahrungen allerdings nicht an das große Wunder ...

Und das große Wunder fand dann auch nicht statt. Das heißt, gewundert habe ich mich schon. Es ging folgendermaßen: Am Sonntag fand ich meine Anzeige im Blatt, drei Tage später einen schönen dicken A-Vier-Umschlag vom Verlag im Briefkasten. Toll, dachte ich, das funktioniert ja prächtig, und riss neugierig den Umschlag auf: Was las ich?

»Vitali B. und so weiter. Ihr Stellenangebot vom 17. 10. Sehr geehrte Damen und Herren, hiermit möchte ich mich bei Ihnen im Rahmen des oben genannten Stellenangebotes um einen Ausbildungsplatz als Zahntechniker bewerben ...« Dazu Zeugnisse, Lebenslauf, ein schönes Foto. Na, das war nun mal kurios. Ich vermutete, dass meine Chiffre-Nummer zweimal vergeben wurde. Und waren nun etwa die vielen für mich bestimmten Briefe netter Single-Männer bei jenem Zahnarzt gelandet? Na, die Damen von der Anzeigenabteilung sollten mich kennen lernen!

Ich fuhr zum Axel-Springer-Haus nach Mitte. Die beiden Anzeigen-Mitarbeiterinnen hinter dem Tresen schauten in Ihre Computer und teilten mir mit: Das gibt's überhaupt nicht. Hier werden keine Nummern doppelt vergeben. Wir verglichen die Chiffren im Computer auf meiner Anzeige und auf dem Briefumschlag nochmals und stellten fest, dass sich dieser Vitali einfach geirrt hatte, wahrscheinlich ein Zahlendreher. Also, der junge Mann, der Zahntechniker werden will, hatte Pech, und ich hab auch nicht viel dabei gewonnen. Die Anzeigenfrauen sahen noch einmal gründlich nach, aber es blieb dabei, einzig Vitalis Brief war unter meiner Chiffrenummer eingegangen.

Die beiden beschwichtigten mich. Das wäre oft so, und jeden Brief, der in den kommenden vier Wochen unter meiner Chiffrenummer einging, würden sie mir getreulich nach Karow schicken. Der Jüngeren fiel zum Thema noch ein, dass sie einmal wegen einer neuen Wohnung annonciert habe, und da sei nach sage und schreibe acht Wochen ein Angebot von einer Wohnungsverwaltung gekommen. Exakt diese Wohnung habe sie dann sogar gemietet. Also, man soll die Hoffnung nicht aufgeben. Dann kriegten sich die beiden noch ein wenig über den Sinn und Unsinn von Partneranzeigen für Frauen in die Haare. Die Ältere meinte, eine Frau wie ich müsse doch überhaupt nicht auf Anzeigen schreiben. »Wieso«, fragte die Jüngere, die mit mir und meinem Namen offensichtlich nichts anzufangen wusste. »Es ist doch schwierig, wo willst du denn heutzutage noch einen Mann kennen lernen.« – »Aber doch nicht eine Prominente«, sagte die Ältere, »du musst doch die Gaby Seyfert kennen. Du bist zwar 'n bisschen jünger, aber du kommst doch aus dem Osten. Ich komme aus dem Westen, aber ich kenne Frau Seyfert. Ich habe sie immer gerne Eislaufen gesehen.« Na gut, ich wurde getröstet.

Fast von einem Tag auf den anderen zog Herbstwetter ein. Unser Jahrhundertsommer musste ja einmal zu Ende gehen, damit hatte man sich abzufinden. Zum Tennisspielen wurde es zu kalt. Berge von abgefallenem Laub rings um mein Haus waren zu bewältigen. Georg amüsierte sich köstlich, als er eines Nachmittags bei mir vorbeifuhr und mich in meiner großen Mülltonne neben dem Gartentor vorfand, wo ich wie ein Ball auf- und niederhüpfend die nächste Lage Laub feststampfte. Wahrscheinlich wirklich ein komischer Anblick, da von mir nur noch Kopf und Schultern aus der Tonne herausschauten. Irgendwo musste das Laub ja bleiben, und meine Mülltonne reichte nur, wenn ich mir Gummistiefel anzog und es feststampfte. Zum Hinein- und Herausklettern benutze ich einfach meine Gartenschubkarre. Georg fand, das sähe ziemlich gefährlich aus. Ach was, ich habe mir doch meine Gelenkigkeit erhalten. Die ist mir oft hilfreich, wenn ich in meinem Haus etwas alleine repariere oder umräume. In Bewegung bleiben ist alles.

Apropos Bewegung, Irina und Georg fanden, mir fehle eine witzige Berliner Ballnacht. Warum nicht, Tanzen ist nun mal seit Jahrtausenden der einfachste Weg, um einem Mann in die Arme zu kommen. Also schleppten mich meine Freunde eines Abends in »Clärchens Ballhaus« in der Auguststraße. Das ist zwar angeblich eine Legende des Berliner Nachtlebens, schon über hundert Jahre alt, aber die Art, wie da so ganz direkt angebandelt wird, und die Reihe von Männern, die sich um die Theke herum am Bierglas festhielt, das gefiel mir dann doch nicht. Aus Neugier zogen wir noch ins Café »Keese«, das westliche Pendant zu »Clärchen« und natürlich entsprechend teurer. Da spielte zwar eine ganz ordentliche Band Musik aus den siebziger Jahren, ich habe ein paar Mal getanzt, aber das Richtige war es auch nicht. Lag es einfach an meiner Stimmung?

Inzwischen lebten wir alle in dieser typischen Berliner November-Gräulichkeit: Nieselregen, frühes

Dunkel. Und zu allem war mir auch noch meine Funny abhanden gekommen. Sie verschwindet ja manchmal für einen ganzen Tag, zuweilen auch für zwei. Aber eine ganze Woche lang?

Ich fragte bei den Nachbarn herum, ging suchend durch unsere Karower Siedlungsstraßen, keine Spur. Jeden Abend beim Nachhausekommen hoffte ich neu, dass sie nun doch endlich auf der Haustreppe sitzen und wie üblich auf mich warten würde. Was mochte nur mit ihr geschehen sein? Es machte mich schon traurig, dass nun gar niemand mehr mit mir zu Hause war. Wie sehr man sich an so ein Tier gewöhnen kann. Wie soll ich es sagen, jetzt fühlte ich ein gähnend schwarzes Loch. Funny war so eine absolute Schmusekatze, die mir gerne in der Küche um die Beine strich, die sich von mir kraulen ließ, die manchmal sogar hörte, wenn ich nach ihr rief. So etwas tun Katzen nicht, nur Funny.

Meine letzte Hoffnung setzte ich ins Tierheim von Berlin-Lankwitz, wo eine Sammelstelle für ausgesetzte und anscheinend herrenlose Tiere ist. Möglicherweise war sie durch irgendwelche Umstände dorthin geraten.

Also machte ich mich am Samstag nach Lankwitz auf. Fehlanzeige, viele Katzen in allen Farbversionen, aber keine Funny.

Am Sonntag waren meine Freunde Trixi und Holger zum Frühstück bei mir, redeten mir gut zu. Vielleicht kommt sie ja doch noch.

Nachmittags rief ich einfach einmal wieder meinen alten Rosenkavalier Walter an. So richtig wusste der nichts mit mir anzufangen. Er habe gerade so viel um die Ohren, seine Frau war nun endlich ausgezogen, da musste viel Organisatorisches und Praktisches geklärt werden. Außerdem musste er sein Motorboot verpacken und winterfest machen ... Auch ihm ging es in diesem November nicht so toll. Das Leben heutzutage sei so kompliziert, früher war das alles viel besser. Er sei kürzlich einmal durch die Friedrichstraße spaziert, früher habe es das schöne Haus Vaterland gegeben. Nichts wäre ihm mehr vertraut. Und auch der Umgang der Menschen miteinander. Alle sind so erbarmungslos ... – Wer weiß, wie er darauf kam, vielleicht hatte er gerade Ärger mit den Steuerbehörden, jedenfalls gab er mir am Ende noch den Rat, für mein Auto ein Fahrtenbuch zu führen. Ein freundlicher, müder und besorgter älterer Herr, ein netter Rosenkavalier, aber das war's dann auch. Ich fühlte, ich hatte mich richtig entschieden.

Dann kamen doch noch drei Antworten auf meine Annonce. Die seriöseste stammte von einem Österreicher, der schon achtzehn Jahre in Berlin lebte, 41 Jahre alt, schlank, 1,80 groß, blonde kurze Haare. Herr Richard war diese achtzehn Jahre lang mit einer Berlinerin verheiratet gewesen, hatte einen Sohn und eine Tochter, die Ehe war in die Brüche gegangen. Vor zehn Jahren hatte er sich mit einer

Autoelektrik-Werkstatt selbständig gemacht, beschäftigte jetzt fünf Angestellte. Außerdem war er ein leidenschaftlicher Skiläufer und wollte demnächst damit beginnen, Golf zu lernen.

Ich rief Herrn Richard an, wir wollten am Samstag in zwei Wochen zusammen essen gehen, eher ging es bei ihm nicht.

Die anderen beiden Briefe las ich mit größerer Skepsis. Einer stammte von einem Wirtschaftsprüfer und Steuerberater, wenig aussagekräftig, aber immerhin witzig, er schrieb: »Sollte dieses Briefchen nicht Ihr Gefallen finden und etwa an die letzte Stelle geraten oder sogar im Papierkorb landen, so bitte ich um einen sanften Flug, denn auch in aussichtslosen Situationen bin ich stets um Haltung bemüht.« Auch der Wirtschaftsprüfer lief gern Ski und Schlittschuh. Na ja, das Foto war offensichtlich nicht das alleraktuellste, irgendwo am Strand in Lederjacke.

Der dritte Brief zeigte einen eigenartigen roten Stempel mit irgendwelchen japanischen Zeichen. Ein Herr Horst präsentierte sich recht allgemein als sporttreibender, selbstbewusster und beruflich erfolgreicher Interessent, gab sich aber nicht wirklich zu erkennen und legte auch kein Foto bei. Da musste ich vorsichtiger sein.

Ja, und dann kam noch eine Zuschrift, die mich arg verwunderte. Nämlich von einer Partneragentur am Theodor-Heuss-Platz in Berlin-Charlottenburg mit folgendem Text: »Sehr geehrte Inserentin, Sie stimmen mir sicherlich zu, wenn es darum geht, den richtigen Partner zu finden, darf man auch ungewöhnliche Wege gehen. Ich wähle heute einen etwas ungewöhnlichen Weg. Ich arbeite als Mitarbeiterin in einer Partneragentur und bin beauftragt, einem Herrn bei der Suche nach einer Partnerin behilflich zu sein. Ich habe Ihre Anzeige gelesen und könnte mir vorstellen, dass Ihnen der Herr vielleicht gefällt. Er ist 56 Jahre alt, 1,84 groß, schlank, graumeliert, mit blauen Augen. Er ist ein sympathischer Mann, mit viel Humor, der sehr gern lacht. Er ist promovierter Jurist und arbeitet bei einer Senatsverwaltung, zuständig für das Berliner Verkehrswesen. Er sucht eine Partnerin, die charmant, gefühlvoll und beständig ist. Er mag Tennis, Ski, Wandern, Kunst, Theater und Konzert, aber auch Zärtlichkeit, Stille, Natur, ein duftes, unkompliziertes Leben mit wenig Alltagsstress und Langeweile.«

Oh, wie ich diese Gemeinplätze inzwischen hasse. Dahinter kann sich doch alles und jeder verbergen. Jedenfalls bot die Agentur ihre kostenlose, kostenlos dick unterstrichen, Vermittlung an. Sieh mal einer an, da bedienten sich also die gewerblichen Partnervermittlungen ungerührt privater Kleinanzeigen, machten sich die Hoffnungen der anzeigenschreibenden Menschen zunutze!

Aus Neugier rief ich trotz meiner Skepsis an. Die Agentur-Dame kam mir mit ihrer gesamten professionellen Freundlichkeit entgegen: Ich sollte unbedingt zu ihr nach Charlottenburg kommen, damit sie mir ein Foto des betreffenden Herrn zeigen könne. Ich fand das ziemlich aufdringlich. Es war doch unerheblich, ob der Herr nun graumeliert war oder nicht. Sollte sie mir doch eine Telefonnummer geben, dann könnte man sehen, ob die Chemie stimmt. Sie ließ nicht locker: »Ja, ist es denn so schlimm, wenn ich Sie bitte, zu mir zu kommen?«

»Ach wissen Sie«, gab ich zurück, »ich habe eigentlich keine Lust darauf, dass mir da schon wieder jemand vorschreibt, mit wem ich mich zu treffen habe.«

»Aber der Herr hat für unseren Service bezahlt.«

»Ich habe auch für meine Annnonce bezahlt.«

Die Vorstellung, nun wieder von dieser Vermittlerin taxiert und womöglich um ein Foto von mir gebeten zu werden, nervte mich, gelinde gesagt. Also ließ ich das.

Meine Stimmung verbesserte sich auch nicht, als sich ein paar Tage später der Herr Rainer, der Mann mit den Zahnschmerzen, meldete. Ich kam gerade von einer langen Fahrt nach Erfurt und Chemnitz zurück und hörte auf meinem Anrufbeantworter folgende Nachricht: »Schönen guten Tag, Gaby, hier ist Rainer. Ich glaube, ich habe jetzt eine Partnerin gefunden. Es wäre nicht fair, wenn wir uns noch treffen würden. Ich wünsche dir alles Gute für die Zukunft. Tschüss.« Er hatte seinen Text nur so heruntergerattert. Wahrscheinlich war es ihm sehr recht gewesen, statt mit mir mit meinem Anrufbeantworter zu sprechen. Okay. Ich wünschte Herrn Rainer viel Glück. Immerhin hatte er so viel Anstand besessen, mir seine ›Abmeldung‹ aus dem Kreis der Suchenden mitzuteilen. Also, die anderen finden doch ab und zu einen Partner.

Nun hatte ich noch den ewig zerstreuten Doktor Friedrich auf meiner Telefon-Liste, jenen, der schon zweimal meine Handy-Nummer verlegt hatte. Also rief ich ihn wiederum an. Es war ja schon fast eine Belästigung. Aber ich wollte die Sache jetzt so oder so klären. Und was sagte der Herr Doktor? »Ach ja, die Sportliche. Ach, Frau Seyfert, ich wollte Sie ja anrufen, ich wollte Sie wirklich anrufen, aber ich muss Ihnen gestehen, ich ... ich finde schon wieder Ihre Handy-Nummer nicht.« So, so. Und er habe ja so viel zu tun, und ihm fehle die Zeit und, und ...

Dieses Mal wurde ich nicht wütend, sondern war eher belustigt und entwickelte sportlichen Ehrgeiz: Koste es, was es wolle, heute musste ein Date herausspringen! Ich redete ohne Unterlass, erklärte, man müsse sich auch mal Zeit für sich selbst gönnen. Ich sei – was ja gar nicht stimmte – zum Beispiel eben Tennis spielen gewesen und habe da gerade an ihn denken müssen: »Lieber Herr Doktor Friedrich, wir reden jetzt zum dritten Mal am Telefon miteinander, wir finden uns sympathisch ...« – »Ich finde Sie wirklich sympathisch, Frau Seyfert ...

aber der Kalender ist so voll. Wissen Sie, ich habe ja einen Beruf ...«

»Ich habe auch einen Beruf. Hören Sie, wir sollten jetzt nicht mehr lange reden, ich find das blöd. Wir müssen uns jetzt einfach sehen. Es ist doch viel aufschlussreicher, wenn man sich einmal persönlich gegenübersteht ...«

Ich ließ meinen ganzen Charme spielen. Eigentlich bin ich gar nicht so eine Quasselstrippe, aber ich schüttete den armen Mann förmlich mit Worten zu. Zwischendurch wollte er mit seinem üblichen Satz, er würde anrufen, ich solle ihm doch noch einmal meine Handy-Nummer geben, das Gespräch abwürgen. Aber dieses Mal gab ich nicht nach: »Ich sage Ihnen meine Handy-Nummer nicht. Gucken Sie in Ihren Kalender: Ich kann am Mittwochabend und auch am Donnerstagabend.« Er gab sich geschlagen, machte noch einen Vorschlag für den Freitagabend, da konnte ich nicht. Also Donnerstag. Auf seine Frage hin, wo wir uns denn treffen wollten, kam ich ihm mit dem geschwollenen Satz: »Wo immer Sie wollen, da bin ich!«

O Gott, ich kam mir vor wie Greta Garbo in einem ihrer melodramatischen Filme. Herrlich. Natürlich wusste Herr Doktor Friedrich überhaupt nicht, wohin er wollte. Ich beschwatzte ihn, uns im KaDeWe zu verabreden. Da gibt es in der Feinkost-Etage eine Austern-Bar, da könne man sich treffen. Ich bin ein großer Austern-Fan, musste allerdings die Erfahrung machen, dass sie selbst in edel-teuren Restaurants oft ungenießbar sind. Dort werden sie nicht oft genug bestellt und kommen dann eben nicht frisch auf den Tisch. Die Bar im KaDeWe gilt als Geheimtip, ich bekam ihn von Westberliner Freunden. Jedenfalls werden dort täglich genug Austern verspeist, so dass man immer frische bekommt. Seit ich das ausprobiert habe, gehe ich dort gelegentlich vorbei, wenn ich am Tauentzien zu tun habe, und gönne mir etwas Gutes.

Herr Doktor Friedrich fand den Vorschlag akzeptabel. Und wie erkennen wir uns? Herr Doktor Friedrich wollte eine Zeitung dabei haben, die »Neue Zürcher Zeitung«. Nicht sonderlich originell, aber warum nicht. Mein leichtes Zögern deutete er falsch: »Aber die Zeitung werden Sie nicht kennen.« – »Wieso? Natürlich kenne ich diese Zeitung. Warum glauben Sie, dass ich diese Zeitung nicht kenne?«

Es war schon ein komisches Telefonat. Am Ende legte ich ihm ernsthaft nahe, mich nicht wieder zu versetzen. Also gut, wir würden uns – wahrscheinlich – am Donnerstag um 19 Uhr treffen.

Am nächsten Tag fuhr ich geschäftlich nach Bernburg. Vermittelt hatte mir diesen Kontakt eine frühere Leistungssportlerin, heute Zahnärztin, die ich im Frühsommer bei einem Golf-Turnier getroffen hatte. Das Turnier ist übrigens eine Idee von Jens Weißflog, dem berühmten Skispringer, der es jedes Jahr einmal in seinem Oberwiesenthaler Hotel ausrichtet und dazu ehemalige und noch aktive Sportler einlädt.

Die heutige Zahnärztin G. und ich hatten uns über die Jahre ein bisschen aus den Augen verloren, fanden aber sofort wieder einen Draht zueinander. Sie ist auch so ein direkter Typ wie ich, wir sind etwa im gleichen Alter. So kamen wir in Oberwiesenthal ins Plauschen, sowohl über Privates als auch über Berufliches. Die Frau ist einfach umwerfend! Sie sprüht vor Einfällen. Meine Anzeigen-Geschichten fand sie allerdings »voll daneben«: »Das muss man anders angehen, über private Kontakte. Ich kenne tausend Leute, etliche Single-Männer darunter, die gerne wieder eine Frau hätten. Da wird doch wohl ein Passender dabei sein.«

Und tatsächlich: Einige Zeit später signalisierte sie mir, dass mich demnächst ein Herr Johannes R. anrufen würde, ein Wirtschaftsmanager von einem sächsischen Industriestandort, der wolle mich wahnsinnig gerne kennen lernen.

Der Anruf von Johannes R. folgte postwendend. Er sei am kommenden Donnerstag in Berlin, ob wir uns nicht sehen könnten. Ich war zu neugierig, um abzusagen. Ziemlich verzwickt, nun hatte ich zwei Dates am Donnerstagabend: 19 Uhr an der Austernbar des KaDeWe, 20.30 Uhr mit Herrn Johannes R. Das KaDeWe schloß ohnehin um 20 Uhr, vielleicht hatte sich alles in dieser Stunde erledigt. Falls ich aber Herrn Doktor Friedrich so sympathisch finden würde, dass ich mehr Zeit mit ihm verbringen wollte, musste ich ihm eine neue Verabredung entlocken. Wenn nicht, würde ich fröhlich und guter Dinge zu Herrn Johannes R. eilen. Überraschen lassen musste ich mich in beiden Fällen.

Was ich da sah, an der Austernbar, schien von allen bisherigen Kandidaten der beste zu sein: schlank, graues Haar, eine gewisse Ausstrahlung, perfekt gekleidet. Zudem ein Mann, dem man die sportliche Betätigung ansah. Die Bar war ausnahmsweise einmal ziemlich leer. Da es keinen anderen Herrn mit einer Zeitung gab, ging ich unbefangen auf diesen einen zu.

Das lange hinausgezögerte Rendezvous mit Doktor Friedrich fand also statt. Sport erschien mir der günstigste Anknüpfungspunkt zu sein, also: Auf welchem Platz spielen Sie denn am liebsten? Wie sich herausstellte, hatte mein Gesprächspartner zwar jahrelang sehr viel Tennis gespielt, sich aber neuerdings auf das Radfahren verlegt. Also von Boris Becker zu Jan Ullrich gewechselt? Nein, nein er nahm das völlig ernst. Er hatte sich ein teures Rennrad aus irgendwelchem Superstahl gekauft und beteiligte sich jetzt an sportlich anspruchsvollen Herren-Radurlauben auf Mallorca. Da wurden richtig straffe Tagesetappen gefahren, man musste schon einiges an Kondition mitbringen, wurde mir erklärt. Ansonsten war Doktor Friedrich seit acht Jahren geschieden, hatte dann ›natürlich‹ immer feste Beziehungen. Und die verließen ihn regelmäßig? Oder wieso war er eigentlich zu diesem Single-Treff gekommen?

Da hatte ich ihn wohl auf dem falschen Fuß erwischt. »Ja, das ist eine gute Frage, das weiß ich selbst nicht so genau«, gab er mir mit leicht verärgerter Miene zur Antwort. Meine Vermutung, ihn könne eine Partnerin verlassen, wies er regelrecht entrüstet zurück. »Das habe ich nicht gesagt!«

Unser Gespräch schrammte noch an einigen anderen Ecken und Kanten entlang. Nachdem zum Beispiel klar war, dass ich aus dem Ostteil der Stadt komme, gerieten wir an die Thematik Ost-West, mit der der Herr Doktor offensichtlich seine Probleme hatte. Schade, dass so viele Jahre nach dem Mauerfall doch noch bei einigen Menschen die vielberedete ›Mauer in den Köpfen‹ so massiv steht.

Am Ende entpuppte sich der Herr Doktor Friedrich noch als – sagen wir es höflich – ziemlich sparsam. Er hatte sich ohnehin statt der Austern ein preiswertes Fischgericht bestellt. Als es dann ans Bezahlen ging und der Kellner fragte, ob alles auf eine Rechnung geschrieben werden solle, reagierte Doktor Friedrich mit einem blitzschnellen: »Nein, erstmal nicht.« Der Kellner war nicht auf den Mund gefallen und sagte: »Was heißt hier, ›erstmal nicht‹? Später ja, oder wie?« Der hatte ganz offensichtlich unsere kantigen Dialoge verfolgt und stand so ein bisschen auf meiner Seite.

Nun macht es mir nichts aus, meine Rechnung

selbst zu begleichen, aber ein Gentleman war der Herr Doktor wahrlich nicht. Ich beendete unser Gespräch mit der kecken Bemerkung: »Lieber Doktor Friedrich, da Sie mich nun persönlich kennen gelernt haben, werden Sie meine Handy-Nummer sicher nicht wieder verlieren.« Was er immerhin eifrig bejahte. Damit legte ich alles weitere in seine Hände. Ich hatte keine Lust, nach dieser endlosen Telefon-Arie auch nur noch den kleinsten Schritt von mir aus zu gehen. Und damit hatte sich der Kandidat Friedrich von selbst erledigt.

Flügel und Wolken

So hatte sich alles ordentlich gefügt. Pünktlich kam ich beim »SAS Radisson«, dem früheren »Palasthotel« an, wo ich mit Johannes R. verabredet war. Und wie fast immer, wenn ich an dieser Ecke gegenüber dem Dom entlangfahre, schlich sich eine ebenso romantische wie witzige Begebenheit in meine Gedanken. Mit dem guten alten »Palasthotel« verbindet sich nämlich die Erinnerung an meine wahrscheinlich kurioseste Liebesnacht. Ich verbrachte sie mit Eric H., dem Juniorchef einer berühmten französischen Cognacfirma.

Kennen gelernt hatten wir uns irgendwann in den achtziger Jahren, während der Leipziger Herbstmesse. Von meiner Leidenschaft für die Leipziger Atmosphäre, von den fröhlichen Schnupper-Runden durch Messehöfe und -Passagen, vom Probelaufen bei italienischen Schuh- und Probieren bei französischen Parfümfirmen habe ich in meinem ersten Buch schon erzählt. Die Messe, das war die große Welt in der kleinen DDR. Und natürlich lernte ich dort jedes Mal interessante Leute kennen. So auch, in einer fröhlichen Ausstellerrunde, Eric H.

Es gibt ja so etwas: Liebe, Begehren auf den ersten Blick. Was zunächst nur ein Flirt an einem Abend unter Freunden sein sollte, wuchs sich dann doch zu einer großen Sehnsucht quer durch Europa aus; obwohl er verheiratet war, obwohl meine Ehe immerhin formal noch bestand. Eigentlich wussten wir um die Perspektivlosigkeit dieser Sehnsucht.

Eric H. hatte mir offen gesagt, er könne und wolle keine Ehekrise riskieren, und ich akzeptierte das auch. Trotzdem flogen immer häufiger telefonische Seufzer zwischen Paris und Berlin hin und her. Auf Dauer fanden wir beide das ziemlich unbefriedigend. Ich konnte mich ja nicht in das nächstbeste Flugzeug setzen und ihn besuchen. Also dachte sich Eric einen Geschäftstermin in Westberlin aus und buchte im Ostberliner »Palasthotel« eine Suite. Das war damals nichts ungewöhnliches. Viele Westdeutsche und Westeuropäer hielten es in den achtziger Jahren so, weil selbst die luxuriösesten Ostberliner Hotels für die Westler erschwinglich waren und dabei einen tollen Service boten.

Also, mein Eric H. flog zu mir, wir wollten uns im »Palasthotel« treffen. Soweit erschien mir unsere Verabredung völlig problemlos. Erwartungsvoll und selig fuhr ich hin. Aber Eric empfing mich an jenem Abend in seiner Suite nicht etwa mit heißen Liebesschwüren, sondern legte schon beim Türöffnen bedeutungsvoll den Zeigefinger auf die Lippen und schüttelte hektisch den Kopf. Nanu? Ohne mich zu küssen oder in den Arm zu nehmen, hielt er mir einen Zettel hin, auf dem stand: »Bitte nicht sprechen. Das Zimmer kann abgehört werden.«

Ich muss ihn vollkommen verdutzt angeschaut und irritiert den Kopf geschüttelt haben. Heute weiß ich durch die Presse-Berichte aus Nachwende-Zeiten, dass tatsächlich gerade im »Palasthotel« viele Geschäftsleute und Politiker aus westlichen Ländern abgehört wurden. Dass Erics Vorsicht also begründet war. Wer weiß, welcher Geschäftsfreund ihm warnend anvertraute, dass in Ostberlin die Wände Ohren hatten. Damals fand ich Erics Ängste einfach unsinnig. Und wollte schon den Mund aufmachen, um ihm das lauthals zu verkünden. Dem kam er mit einem wunderbaren Kuss zuvor. Dann drückte er mir Zettelblock und Kugelschreiber in die Hände. Er hatte sich für unser geheimnisvolles Schweige-Rendezvous also bestens ausgerüstet. Allerdings schrieben wir nicht allzulange unsere Zettelchen mit dem, was sich Liebesleute so an mehr oder weniger Sinnvollem mitzuteilen haben: »Liebst du mich?« – »Unendlich« und so fort. Wir liebten uns wortlos. Und wirklich ziemlich leise. Aber natürlich vergaß ich zwischendurch immer wieder, dass ich nicht sprechen sollte.

Eric erwies sich als ebenso aufmerksamer wie vorsichtiger Liebhaber. Jedesmal, wenn ich zum Reden ansetzte, versiegelte er mir mit einem Kuss den Mund. Also langte ich aus dem Bett heraus zu Kuli und Zettel, um Eric aufzuschreiben, dass ich in seinen Armen selig sei. Am Ende lagen die kleinen

Zettel überall in und um das Bett verstreut. Unsere erotische Zettel-Wirtschaft erschien mir schon sehr lustig.

Mit dieser amüsanten Erinnerung im Hinterkopf fand ich es nicht unsympathisch, dass mein zweites Date an diesem Donnerstagabend im »Palasthotel« vonstatten gehen sollte.

Tatsächlich hielt dieser Tag ein regelrechtes Kontrastprogramm für mich bereit: Johannes R. strahlte mich an! Ich merkte gleich, dass ich ihm wirklich willkommen war! Ohnehin hatte er mich in der Zwischenzeit schon mehrfach angerufen, unsere Verabredung präzisiert, hatte mir mitgeteilt, dass er in Berlin angekommen sei und wie sehr er sich auf den Abend mit mir freue. Da stand mir nun also ein Mann meines Alters gegenüber, vorsichtig formuliert eher mittelschlank, gemütlich wirkend, von einnehmender Freundlichkeit.

Wir wollten etwas Essen gehen, er überließ mir die Wahl, und so fuhren wir ins »Mao Thai«, ein indonesisches Restaurant im Prenzlauer Berg, in das ich wegen seiner wirklich exotischen Speisekarte mit vielen frischen, direkt aus Indonesien bezogenen Zutaten und Gemüsen sehr gern gehe. Johannes erzählte mir während der Fahrt zum »Mao Thai«, dass er mich außer im Fernsehen schon vor zwei Jahren bei einem Mittelständler-Ball in Leipzig gesehen und sehr anziehend gefunden habe. Damals hätte er sich nicht träumen lassen, dass er mich tatsächlich persönlich kennen lernen könnte. Als jetzt sein Geschäftsfreund G. die Sprache auf mich brachte, habe er sich ein Herz gefasst. Irgendwie hatte ich bei diesem Mann sofort ein gutes Gefühl, eine Art von Grundverständnis, wir konnten ohne Punkt und Komma miteinander reden. Dieses Mal fand ich es völlig in der Ordnung, dass wir einander ziemlich schnell beim Vornamen und Du nannten.

Jedenfalls: Johannes managt zwei Betriebe in Leipzig, aber jetzt wirklich mal zwei Betriebe ... Der wichtigere liefert Zubehörteile für die Autoindustrie, ein alter VEB, den Johannes von der Treuhand kaufte und erfolgreich in die Martkwirtschaft gebracht hat. Es gibt geschäftliche Beziehungen in x-Länder, Johannes ist sehr viel zu Kunden unterwegs, würde zwei Tage später nach Italien fliegen, anschließend nach Mexiko. Offen sprach er auch über seine Ehe, die zwar nominell noch bestehe, aber sinnlos geworden sei. Seine Frau und er lebten schon seit mehreren Jahren getrennt voneinander, die beiden Söhne wurden unterdessen erwachsen und gingen ihrer eigenen Wege.

Fast bis Mitternacht redeten wir, und Johannes machte mir viele, viele Komplimente. Ich glaube, bei alledem kam das wie immer vorzügliche indonesische Menü gar nicht so richtig zur Geltung. Froh über diese Begegnung, aber auch ein wenig nachdenklich wegen des familiären Hintergrunds, verabschiedete ich mich spät.

Kaum war ich zu Hause angekommen, klingelte

mein Telefon. Johannes bedankte sich für den wunderbaren Abend und sagte: »Ich werde jetzt von dir träumen.«

Was will eine Frau mehr?

Übrigens hatten wir uns verabredet, am kommenden Tag gemeinsam nach Leipzig zu fahren. Bei mir stand dort ein lange geplanter Geschäftstermin an, Johannes fand, er habe auch dringend in Leipzig zu tun. Also bot ich ihm an, mit mir mitzufahren. Ich weiß nicht, wie zwingend sein Termin nun wirklich war, auf jeden Fall fanden wir beide die Aussicht wunderschön, uns gleich am nächsten Morgen wieder zu sehen, und ein paar Stunden auf der Autobahn ganz für uns zu haben. So ein bisschen fühlte ich mich wie im Anflug auf die sprichwörtliche ›Wolke sieben‹.

Als wir uns am nächsten Tag am »Radisson« trafen, musste Johannes nach dem Frühstück noch einiges zusammenpacken und bat mich mit ins Hotelzimmer hinauf. Kaum hatte er die Zimmertür geschlossen, nahm er mich in seine Arme und begann, mich leidenschaftlich zu küssen. Am liebsten hätte er mich dort auf der Stelle ganz und gar in Besitz genommen. Das ging mir dann doch ein wenig zu schnell. Dieser emotionale Kick-Effekt, der eine Frau zuweilen Ort und Zeit und alle sorgfältigen Überlegungen vergessen macht, der blieb in diesem Moment bei mir einfach aus. Also setzte ich Johannes Werbung ein charmantes halt, halt!

entgegen. Was er akzeptierte. Aber offenbar heftig bedauerte. Noch unterwegs, ich war etwas müde und gähnte gelegentlich, bekam ich die eine oder andere Anspielung auf die verschenkte Gelegenheit zu hören: Wenn ich die vergangene Nacht mit ihm verbracht hätte, dann wäre ich jetzt zwar auch müde, aber auf sehr viel angenehmere Art ... Nein, der Sex sollte vorerst ausgespart bleiben. Trotzdem war ich von diesem aktiven, beweglichen, mitten im Leben stehenden Mann ziemlich beeindruckt. Ich war nicht richtiggehend verliebt, aber ich fühlte mich in seiner Gegenwart unsagbar wohl. Emotionaler Kick hin oder her. Vielleicht waren meine Forderungen an das Schicksal zu ausschließlich. Vielleicht sollte ich mich da korrigieren. Kann man sich nicht auch von der Wärme und dem Humor eines anderen Menschen angezogen fühlen? Sollte man sich ihm vielleicht über die Achtung annähern, die man seiner Leistung zollt, seinem beruflichen Engagement? Kann man sich vielleicht auf diesem Wege peu-à-peu verlieben, ohne große Oper und Dramatik, mehr so in harmonischer Alltäglichkeit? Ich wollte mir diese Chance offenhalten.

Es ist nicht zu glauben, aber als ich aus Leipzig zurückkam, saß meine Funny vor der Tür. Überglücklich nahm ich sie in die Arme. Funny sah gar nicht so aus, als ob sie große Kämpfe zu bestehen gehabt hatte, war unverletzt, auch nicht völlig ausgehungert. Der letzte Punkt klärte sich schnell auf:

Natürlich musste ich die Neuigkeit sofort meinen Nachbarn berichten, die mit mir gebangt hatten: »Funny ist wieder da!« Die wussten schon Bescheid. Sie hatten meine hungrige Katze am Nachmittag auf der Haustreppe sitzen sehen und gleich ordentlich gefüttert. Wir orakelten, was wohl passiert sein konnte, vermuteten, dass Funny von irgendjemandem unabsichtlich in eine Garage oder einen Schuppen gesperrt worden war, wo selten jemand hineinkam. Aber wer weiß. Hoffentlich ist sie in Zukunft etwas vorsichtiger. Also, meine Schmusekatze ist wieder da.

Auch das darauf folgende Wochenende brachte eine freundliche Note ins Dasein. Sport mit Freundin Trixi war angesagt, dieses Mal ging es zum Eiskunstlaufen. Der Hintergrund: Trixi arbeitet seit einigen Jahren als Pharma-Referentin und denkt sich gelegentlich für ihre Kunden, meistens Kinderärzte, fröhliche Samstagnachmittagstreffs bei Sport und guter Laune aus. Trixi kommt ja wie ich aus dem Leistungssport, war Paarläuferin beim Berliner Club und hat Spaß daran, hin und wieder die Eislaufstiefel anzuziehen und ein wenig das alte Können blitzen zu lassen. Für ein paar Stunden wollte sie mit den Sportlicheren aus ihrem Kundenkreis samt Kind und Kegel zusammen Spaß auf dem Eis haben. Es würde flotte Musik, Pfannkuchen und heißen Tee geben. Trixi bat mich, mitzumachen, vielleicht auch dem einen oder anderen Freizeit-Sportler ein paar Profi-Tricks zu verraten ... Warum nicht. Ich freute mich darauf, nach langer Zeit einmal wieder auf dem Eis zu stehen.

Als ich in der Hohenschönhausener Eissporthalle ankam, machte mich Trixi auf einen ›ihrer‹ Kinderärzte besonders aufmerksam: Dr. Ypsilon, ein wirklich sympathischer Typ, Single. Der würde ihrer Meinung nach ganz großartig zu mir passen! Es wäre doch gelacht, wenn ich mit dem nicht in Kontakt käme und: »Vielleicht klappt's ja, Gaby.« Siehe da, meine Freundin Trixi, die gute Seele, machte sich Sorgen um mein inneres Gleichgewicht und wollte etwas zu meinem Lebensglück beitragen. – Es ist schon so, richtige Freunde braucht man, wenn man allein lebt. Soziologen fanden übrigens vor kurzem heraus, dass Singles zweieinhalb mal so viele Freunde und zu sechsmal so vielen Nachbarn Kontakt haben wie Nicht-Singles. Eigentlich sind damit gerade diejenigen Menschen, denen Schwierigkeiten mit dem Gegenüber nachgeredet werden, die kontaktfreudigeren.

Jedenfalls schmunzelte ich über Trixis Bemühungen und wollte mir den Mann selbstverständlich anschauen. Nachdem ich mir die Schlittschuhe angeschnallt hatte, drehte ich ein paar Runden. Es versprach wirklich, ein gelungener Nachmittag zu werden. Alle, die gekommen waren, hatten gute Laune mitgebracht und bewegten sich unter Trixis Anleitung mehr oder weniger geschickt zu flotter Disco-Musik. Ich unterhielt mich mit diesem und jenem der Gäste, half einem kleinen Mädchen, das hingefallen war, auf die Beine, zeigte ihm eine bessere Haltung. Trixis Dr. Ypsilon, ein Mann meines Alters, braun gebrannt, sympathisch, drehte unterdessen ziemlich vorsichtig und allein seine Runden. So fiel es mir nicht schwer, ihn tatsächlich ins Gespräch zu ziehen. Aber ich wollte nicht aufdringlich sein und kurvte bald davon. Kurz darauf beobachtete ich eine hübsche junge Dame länger an seiner Seite. Nanu? Aber Trixi kannte jene Frau Dr. X, sie sei ihrer Meinung nach verheiratet. Ich blieb skeptisch und passte eine Gelegenheit ab, mit der jungen Ärztin zu plaudern und ›rein zufällig‹ nach dem braun gebrannten Mann zu fragen. Es funktionierte. Freimütig erzählte mir Frau Dr. X, dass sie zum ersten Mal bei so einem Eislauf-Nachmittag dabei sei und auch nicht viele der Anwesenden kenne. »Aber den Dr. Ypsilon, den kennen Sie wohl gut?«

»Ja, aber das ist auch der einzige hier.«

Ich nahm mir ein Herz und fragte: »Wissen Sie denn, ob Herr Dr. Ypsilon verheiratet ist?«

Das kam dann wohl doch ziemlich überraschend für sie. »Nein, er ist nicht verheiratet. Aber warum wollen Sie das wissen?«

»Tja, ich bin auch Single. Und würde ihn ganz gerne kennen lernen. Vielleicht können Sie ihm ja einen Tipp geben?«

Frau Dr. X schmunzelte, und mir schwante nichts Gutes.

»Tut mir leid, das wird nicht funktionieren«, antwortete die hübsche junge Ärztin, »ich bin nämlich seine Freundin.«

Das war's dann. Als ich Trixi das erzählte, haben wir herzhaft gelacht. So schnell kann eine bunte Seifenblase platzen.

Trotzdem hatte mir dieser Nachmittag einen tüchtigen Schub guter Laune eingebracht, so ein paar Momente auf der eisglitzernden Wolke eins ... Die halfen mir über den traurigen Monat November, der dann auch noch eine bittere Nachricht brachte.

Als ich eines Montagmorgens zur Arbeit fuhr und dabei Radio hörte, traf mich die Meldung von Rex Gildos Tod. Schon am Samstag war ja in den Zeitungen zu lesen gewesen, dass der große Schlagerstar der sechziger, siebziger Jahre einen Selbstmordversuch unternommen hatte und man um sein Leben bangte. Wie es der Zufall so wollte, noch sechs Wochen zuvor hatte ich bei einem Kulturprogramm in der Nähe von Dresden gemeinsam mit Rex Gildo auf der Bühne gestanden. So, live erlebt, fand ich, dass der Sänger, der früher für viele, auch für mich, als ein umschwärmter Star galt, doch mächtig gelitten hatte. Er wirkte ziemlich abwesend. Schwer zu entscheiden, ob das nun eine Alterserscheinung war oder ob er unter Alkohol stand. Irgendwo kam er mir ziemlich vereinsamt vor. So ist das mit großen Stars, die eine Zeit lang überall im Rampenlicht stehen, sich der Öffentlichkeit in gewisser Weise auch preisgeben. Um das zu bewältigen, braucht man einen Background, eine Familie, einen Freundeskreis, die das, was man in und mit der Öffentlichkeit erlebt, abfangen, in gewisser Weise neutralisieren. Gab es Freunde, die ihn beraten, die ihm beigestanden haben? Ich nehme fast an, nein. Man kann sich das kaum vorstellen. So wie auch mir die Leute oft sagen: Mein Gott, Ihnen muss es doch gut gehen. Offensichtlich litt Rex Gildo unheimlich unter seiner Einsamkeit, der sinkenden Popularität, dem Älterwerden. Ich kann das nachvollziehen, und die Nachricht von seinem Tod bewegte mich.

Ein paar Tage später stand dann der Termin mit Richard an, dem Österreicher, der seit achtzehn Jahren in Berlin lebte. Sollte ich hingehen? Oder lieber auf ein Zeichen von Johannes warten?

Unversehens begann ich mich doch auf mein nächstes Date zu freuen. Österreich, Wien besonders, mochte ich aus so vielen verschiedenen Gründen schon als Kind. Weil es bei mir zu Hause in Karl-Marx-Stadt in der ersten Hälfte der sechziger Jahre keine sommertaugliche Eiskunstlaufhalle gab, schickte damals der DDR-Eislaufverband die aussichtsreichsten Läufer mehrfach zum Sommertraining nach Wien. Mutter und ich wohnten dort in einer kleinen Pension, die Wirtin fütterte mich mit Guglhupf und Pflaumenknödeln, ich trainierte mit den österreichischen Spitzenläufern zusammen, oft mit Regine Heitzer, der damals amtierenden Europameisterin. Außerhalb des Trainings gab es kaum Verpflichtungen und herrlich viel freie Zeit. Wir trafen uns mit österreichischen Freunden, bummelten durch Wien ... – Ein paar Jahre später erlebte ich dann in Wien meine wunderbare erste Romanze, eine west-östliche Love-Story: Gaby Seyfert aus der DDR mit Emmerich Danzer aus Österreich. Wir waren jung, schwärmten, flirteten zwischen Trainingsbahn, Wettbewerben und Schaulauf-Gala. Der große, schlaksige Emmerich Danzer gefiel mir schon lange. Irgendwie trafen wir uns immer wieder rein zufällig auf den Korridoren der Eislaufstadien, an Hoteltüren ... Meine Blicke fanden in seinen durchaus ein Echo. Und ich träumte, träumte. Mein Eislauf-Prinz. Im März 1967, zur Eiskunstlauf-Weltmeisterschaft in Wien, wurden wir dann auch ein richtiges Paar. Da gab es Momente voller Seligkeit. Emmerich zeigte mir sein romantisches Wien. Mit einem Fiaker, also einer echt Wiener Pferdekutsche, rollten wir um den prachtvollen Innenstadtring samt Hofburg und Oper. Mein Gott, war das schön, so jung, so verliebt. Unbeschwert allerdings nicht, aber das habe ich ja schon andernorts erzählt.

Wer will es mir nach alledem verdenken, dass schon das Wort ›Österreich‹ in meiner Seele etwas zum Klingen bringt.

Und so steuerte ich voller guter Laune zu meiner Verabredung im »Reinhardt's«. Als ich dort um

19 Uhr ankam, stand Herr Richard schon davor. Dann allerdings begannen die technischen Schwierigkeiten. Die ziemlich kühle Empfangskellnerin im »Reinhardt's« konnte Herrn Richards Vorbestellung nicht in ihrem Journal finden, machte aber auch keinerlei Anstalten, die Scharte irgendwie auszuwetzen. Wir sollten dann eben eine Stunde warten, wurde uns unfreundlich beschieden. Also versuchten wir es um die Ecke im echt berlinischen Kellerlokal »Mutter Hoppe«. Da hatten offensichtlich mehrere Touristenbusse ihre Fracht abgeladen. In der »Gerichtslaube« sah es genauso aus. Keine Chance, obwohl ich dort sogar den Geschäftsführer kenne. »Mensch, Gaby«, sagte der bedauernd, »du musst vorbestellen, samstags ist hier die Hölle los.« Schließlich landeten wir in den »Historischen Weinstuben«, wo sich gerade noch ein nicht sonderlich angenehmer Platz gegenüber dem Kücheneingang fand. Aber wir mochten nun nicht weiter herumsuchen. Immerhin, sie hatten Wiener Schnitzel auf der Karte, und das nahm ich dann auch. Es lebe Österreich und seine wunderbare, wenn auch leider ziemlich kalorienreiche Küche!

Der Herr Richard erwies sich als ein ruhiger, nicht unsympathischer, aber auch nicht gerade glücklicher Mensch. Seine Scheidung nach all den gemeinsamen Jahren machte ihm wohl mehr zu schaffen, als er sich selbst eingestehen mochte. Es quälte ihn anscheinend regelrecht, sich nun nach einer neuen Frau umsehen zu müssen. Aber das Alleinsein lag ihm auch nicht.

Ich fragte ihn nach seinen bisherigen Anzeigen-Dates, es war alles nicht das Richtige gewesen: Die eine zu dick, die andere zu was-weiß-ich. Wir beide kamen ganz gut miteinander hin. Herr Richard erzählte mir ziemlich offen von sich, seinen Lebensumständen, seinen Ängsten, Hoffnungen … nein, merkwürdigerweise kamen Hoffnungen bei ihm nicht vor. Er hatte einst in Wien Automechaniker gelernt, dann ein Ingenieurstudium begonnen. Als ihm die Industriebaufirma, bei der er als Student jobbte, eine Möglichkeit bot, gut bezahlt im Ausland zu arbeiten, gab er sein Studium dran und zog in die Welt. Nach einigen Stationen verschlug es ihn auch in die DDR.

Gern sprach er über diese ›Super-Zeiten‹: jung, unternehmungslustig, mit viel Geld in der Tasche. Als Monteur im Auslandsdienst verdiente er ohnehin nicht schlecht, und dann konnte man damals als Österreicher ja seine Schillinge zu traumhaften Schwarzmarkt-Kursen unter der Hand in DDR-Mark tauschen. Damit ließ es sich schon leben. »Als junger Mensch dachte ich nicht groß darüber nach, wieso das so war«, meinte Herr Richard. »Heute finde ich das auch nicht mehr so in Ordnung. Wir jungen Kerle konnten uns in den teuersten Restaurants von Ostberlin alles leisten, und die Leute aus der DDR saßen am Nachbartisch und schauten ärgerlich oder neidisch zu uns herüber.«

Der junge Österreicher verliebte sich in ein junges Mädchen aus Berlin-Lichtenberg, das wurde schwanger, also heiratete er es. Weil seine Frau nicht nach Österreich ziehen wollte, ließ er sich mit der jungen Familie in Westberlin nieder. Zuerst fühlten sich alle wohl, aber später kriselte es immer wieder. Nun sei es eben vorbei, zerbrochen. Wäre er jünger und hätte keine Kinder, um die er sich liebevoll kümmerte, dann würde er am liebsten nach Kanada auswandern. Denn auch geschäftlich lief bei ihm alles schwerer und schwerer. Es machte ihm sichtlich zu schaffen, irgendwann gebrauchte er sogar das Wort von einem ›Leidensweg‹.

So wollte er nicht etwa das Golfspielen lernen, weil es ihm Freude machte, sondern weil er der Meinung war, dass auf dem Golfplatz eine Menge Geschäftsaufträge vergeben werden ... Am glücklichsten sei er noch, wenn er mit den Kindern oder auch allein zum Skilaufen in seine österreichischen Berge kam. Es zog ihn oft dahin, drei-, viermal im Jahr fuhr er nach Hause.

Ich erzählte ihm von Sheila, verpackte hier auch die Information, dass ich eigentlich etwas älter sei, als in der Anzeige gestanden hatte. Es interessierte ihn wahrscheinlich gar nicht. Dann kamen wir aufs Eiskunstlaufen. O ja, er hatte es sich schon zusammengereimt, wer ich war. Wie sich herausstellte, arbeitete eine seiner Tanten sogar bei einem Wiener Eislaufverein im Büro und hatte ihren Neffen gelegentlich mit zum Schaulaufen geschleppt. Ein

Fan war er nicht geworden, diese glitzernde Welt der Eislaufstars und -sternchen, über die die Tante so manchen Tratsch und Klatsch wusste, blieb ihm fremd. Und ich ihm wohl auch.

Nach dem Essen brachen wir auf. Er bemerkte, dass es wirklich nett gewesen sei, mich zu treffen aber ... Ja, gut. Zwei Tage später bekam ich einen kurzen Brief von ihm:

»Sehr verehrte Gaby Seyfert,

ich habe lange überlegt, ob es richtig war, dass wir uns so ohne neue Verabredung voneinander trennten. Auch wenn ich nichts gesagt habe: Es hätte mich schon gereizt, Sie näher kennen zu lernen. Aber ich fürchte, es würde mir nicht gut bekommen. Ich bin ein einfacher Handwerksmeister mit einem kleinen Betrieb, der nicht einmal gut geht. Ich kann mit dem, was Sie im Leben kennen, nicht in Konkurrenz treten. Ich war nie ein Star und werde nie einer sein. Sie haben ganz andere Männer kennen gelernt. Also vergessen wir das Ganze. Herzlich Ihr Richard«

Ja, so ist das. Ich sagte schon, dass öffentliche Aufmerksamkeit heutzutage für mich die Zinsen eines Kapitals darstellt, das ich mir als junges Mädchen erarbeitet habe. Aber auch diese Medaille hat zwei Seiten. Der um Fairness bemühte Herr Richard sprach es aus, andere Männer denken es nur und ziehen sich zurück: Eine prominente Frau hat man nie ganz für sich allein. Richard wollte diese Konkurrenz gar nicht erst antreten, gar nicht erst in die Gefahr geraten, der ›Mann seiner Frau‹ zu sein. Es stimmt schon, gerade für eine Frau ist Bekanntheit immer auch eine Hypothek.

Johannes R. hatte nichts von sich hören lassen. Gut, ich wusste, dass er geschäftlich fast rund um den Erdball unterwegs war. Aber auch in Mexiko und Italien gibt es Faxgeräte und E-Mails. Von simplen Telefonen oder gar der Einrichtung des Briefeschreibens wollen wir gar nicht reden. Reagierte er nicht, weil ich nicht gleich mit ihm geschlafen hatte? Dann hätte ich mich sehr in ihm geirrt. Oder musste er erst mit sich und seinem bisherigen Leben ins Reine kommen, bevor er einen neuen Anlauf wagte? In solche nervigen Grübeleien verstrickt, kam mir eine freundliche Einladung von meinem Sir John vom Weißen Hirsch gerade recht. Ob ich nicht wieder einmal Lust auf ein gediegenes Abendessen in Dresden hätte?

Wir gingen gemeinsam aus, ich wohnte dieses Mal auch in Sir John's Prachtschlösschen, das ja über genügend Gästezimmer verfügt. Wieder wurde ich umsorgt und umhegt. Als ich mich beim Frühstück über das typische schlappe Weißbrot mokierte, das alle Amerikaner, die ich kenne, bevorzugen, versprach mir der alte Herr hoch und heilig, bei einem nächsten Besuch würde ich kerniges Schwarzbrot vorfinden! Ich denke schon, dass ich ihn gelegentlich wieder besuchen werde.

Johannes R. schwieg weiter. Und auch sonst ließ

keiner meiner Kandidaten von sich hören. Also machte ich mich doch noch auf, jenen Steuerberater L. mit dem witzigen, aber ein wenig nichts sagenden Brief zu treffen, Sonntag beim Brunch im Spandauer »Brauhaus«.

Ich habe mich mit dem schlanken, sportlichen Typ (mit Lederjacke) eigentlich zwei Stunden lang recht nett unterhalten. Sportlich gesehen hatten wir viele Gemeinsamkeiten: Er spielt sehr gut Tennis, ist sogar Schiedsrichter bei den Berliner Tennis Open, fährt offenbar leidenschaftlich gern Motorrad und schwärmt von seiner Harley Davidson. Na gut, das ist nun weniger mein Ding ... Er dürfte so Ende Fünfzig sein, hatte in seinem Leben zwei feste Beziehungen, keine Kinder. Und war nun wieder auf der Suche. Eben wie ich ein Single, der die Anzeigenseiten durchstöberte, Briefe schrieb, telefonierte.

Wie sich herausstellte, hatte ihn mir die Langeweile des Herbstes beschert. Im Sommer falle ihm gar nicht so auf, dass er allein sei, da wäre er unablässig mit seinem Häuschen beschäftigt, das er von seinen Eltern geerbt hatte und an dem sehr viel zu reparieren sei. Außerdem führe er im Sommer regelmäßig zu Freunden, die ein Haus auf Mallorca besäßen. Seinen Winterurlaub 2000 hatte er auch schon gebucht, im Februar eine Woche Skiurlaub in Österreich. Nun, ich würde mit Sheila im Januar in Österreich Skilaufen.

Wie gesagt, wir plauderten angenehm miteinander. Am Ende lief es auf den unverbindlichen Satz hinaus: »Vielleicht können wir ja mal zusammen Tennis spielen.«

Auf dem Heimweg passierte mir noch etwas Ulkiges. Ich hatte an diesem Morgen neben dem Spandauer »Brauhaus« nämlich keinen Parkplatz gefunden und musste mein Auto ein Stück weit entfernt auf einem größeren Parkplatz unterbringen. Nachdem ich mich von Steuerberater L. verabschiedet hatte, schlenderte ich gemächlich dorthin zurück. Die Mittagssonne wärmte noch mild, ich achtete nicht sonderlich auf meine Umgebung. Auf den letzten Schritten vorm Parkplatz kam mir plötzlich ein Mann hinterhergerannt, winkte und rief, ich solle einen Moment anhalten. Ich schaute mich um, ich kannte ihn nicht. Also stieg ich schon einmal in mein Auto ein, kurbelte aber das Fenster herunter, weil ich doch neugierig war, was er von mir wollte. Und dachte noch so bei mir: Oh, der sieht aber wirklich nicht schlecht aus. Groß, bestimmt über Einsachtzig, schlank, graumeliertes Haar, ein kurz geschnittener grauer Bart.

Sein erster Satz: »Ich würde dich gern zu einem Kaffee einladen.« Sollte ich zustimmen? So ein schnelles Du ist bekanntlich nicht meine Art. Aber ich fand diese spontane Einladung irgendwie reizvoll. Und schließlich sah der Typ wirklich gut aus. Mein Kalender nahm mir die Entscheidung ab: Ich hatte ohnehin an diesem Nachmittag noch einen fest verabredeten Besuch zu erledigen und musste ablehnen. Aber meine Telefonnummer bekam der Mann. Und was passierte? Er meldete sich tatsächlich noch am selben Abend, ich war gerade durch die Tür getreten: »Hier ist Uwe, wir haben uns heute Mittag gesehen. Findest du nicht auch, dass das ein ganz besonderer Moment war?«

Nanu? So ganz besonders aufregend fand ich unsere drei Sätze auf dem Spandauer Parkplatz wirklich nicht. Aber wenn er das so sah, meinetwegen.

Er schmeichelte weiter: »Ich habe den ganzen Tag über nur an dich gedacht. Wir müssen uns unbedingt wieder sehen! Vielleicht morgen?«

Morgen war ein ganz gewöhnlicher Montag voller Termine, in die mir ein Date nun wirklich nicht passte. Also morgen nicht. Da verlegte sich Herr Uwe erst einmal aufs Ausfragen, wollte wissen, unter welchem Sternbild ich geboren sei.

Schütze.

Das begeisterte ihn. Schützen, das seien doch so spontane Menschen, Optimisten. »Ja, bist du denn auch ein experimentierfreudiger Mensch?«

Ich dachte, hoppla, was soll das denn jetzt, und antwortete ziemlich ausweichend. Unvermittelt begann mir Herr Uwe von sich zu erzählen: dass er in einer großen Agentur tätig sei, die Veranstaltungen organisierten, zum Beispiel die Love Parade. Ansonsten wohne er oft auf Mallorca, da habe er sich jetzt auch eine Yacht geleast. Also, er präsentierte sich betont als gut situierter Typ in spannenden Lebensumständen. Ich sah den Angelhaken sehr wohl und konterte mit der Frage, ob er denn schon einmal verheiratet gewesen sei.

Ja, ja, verheiratet sei er auch gewesen, allerdings nicht so richtig.

Wie das? Verheiratet sein kann man meines Wissens nur richtig oder gar nicht.

Nun, er habe damals in Las Vegas geheiratet, das ginge dort ganz unkompliziert. Selbst das Hochzeitskleid könne man sich ausborgen, müsse nicht extra eins kaufen. Die ganze Hochzeit war ein Spaß. Sehr ernsthaft klang das alles nicht, und ich begann zu vermuten, dass womöglich alle seine Stories nicht viel mit der Realität zu tun hatten. Aber irgendwie schaffte er es doch, dass ich den Telefonhörer nicht auflegte.

Was ich denn in meiner Freizeit mache?

Ich erzählte ihm unbefangen von Tennis, Squash und Skilauf, also dass ich viel Sport treibe. Es wurde ein richtig langes Telefonat, bei dem meistens er das Wort führte. Er erzählte dann, er habe schon viel in seinem Leben unternommen, unter anderem habe er mal in einem ZEN-Mönchskloster gelebt und sich dem Ying und Yang zugewandt. So so, dachte ich, das Thema scheint ja gerade in zu sein. Alle Illustrierten bringen Berichte über die Dreharbeiten zu Doris Dörries neuestem Film »Erleuchtung garantiert«, wo der arme Uwe Ochsenknecht nass und frierend durch ein japanisches ZEN-Kloster hetzt. Nun, über die Ausstrahlung von Uwe Ochsenknecht verfügte mein merkwürdiger Gesprächspartner Uwe nicht gerade, aber er schwadronierte mächtig darüber, dass der Buddhismus für ihn eine ganz wesentliche Erfahrung gewesen sei ... Zwischendurch richtete er immer wieder so ulkige Fragen an mich. Als wir über den Sport gesprochen hatten, wollte er wissen, ob ich denn mit meinem Körper zufrieden sei?

Ich ging darüber hinweg, indem ich Herrn Uwe meine Überzeugung darlegte, dass es nur gut sein könne, etwas für den eigenen Körper zu tun.

Später kam wieder so eine merkwürdige Frage: »Liebst du Lack und Leder?«

Wie bitte? Worauf sollte das denn hinauslaufen? Irgendwie schwante mir, dass ich es vielleicht mit einem sexbesessenen Typen zu tun hatte. Die Frage zum Thema »Lack und Leder« hatte Herr Uwe mit der Erklärung vorbereitet, er würde auch als Modedesigner arbeiten. Prompt folgte das Angebot, dass er auch für mich einmal etwas kreieren könne, wie denn so meine Körpermaße seien. Man könne mir ja vielleicht aus natürlichen Stoffen ein schönes Korsett machen. Ziemlich eindeutig, worauf er hinauswollte. Und dies offenbar jetzt und gleich. Jedenfalls predigte Herr Uwe mir, er wäre dafür, nicht so viel Zeit zu verschwenden. Es sei doch viel besser, die Gelegenheit beim Schopfe zu packen. Gleich und sofort das zu nehmen, was man bekommen könne.

Nein! Da widersprach ich nun energisch! Ein guter Wein muss reifen. Man muss sich Zeit nehmen, sich kennenzulernen. Also waren wir vollkommen unterschiedlicher Meinung. Der Mann kam nicht zum Ziel, blieb jedoch hartnäckig, das muss man ihm lassen. Ob wir uns denn vielleicht am Dienstag sehen könnten, wenn am Montag dafür keine Chance bliebe.

O nein. So angenehm seine erste Erscheinung auch auf mich gewirkt hatte, mir genügte dieses Telefonat, um zu wissen, dass mich mit dem Mann nichts, aber auch gar nichts verband. Es gibt schon Zeitgenossen – mein lieber Scholli!

Glücklicherweise begriff er wohl, denn er hat mich mit weiteren Anrufen verschont.

Das Karussell
dreht sich weiter

Wir schrieben Anfang Dezember. Irgendwann tauchte tatsächlich Johannes R. aus Leipzig wieder auf. Nach seiner Mexiko-Reise meldete er sich telefonisch bei mir, unbefangen und keiner Schuld bewusst: »Liebe Gaby, ich bin in Berlin. Es wäre toll, wenn wir heute abend zusammen essen könnten. Was hältst du dieses Mal von ›Lutter & Wegener‹ am Gendarmenmarkt? Sag schon ja!« Natürlich hütete ich mich, ihn merken zu lassen, wie oft ich an ihn gedacht und seine Funkstille verflucht hatte. So lagen unsere Verhältnisse nun wirklich nicht, dass ich ihn mit Schmollen traktieren durfte. Außerdem freute ich mich so sehr, als er endlich wieder anrief, dass ich mich tatsächlich Hals über Kopf mit ihm verabredete. Dabei war dieser Abend bei mir eigentlich schon vergeben. Zum Glück an Freundin Trixi, die vollstes Verständnis zeigte. Gut, da würde sie eben alleine zum Squash gehen. Viel Glück, Gaby!

Als Johannes R. und ich stilvoll bei »Lutter & Wegener« saßen, fragte ich meinen charmanten Freund, ob er sich denn nicht etwas weniger kurzfristig anmelden könnte? Offenbar hatte Johannes beschlossen, an diesem Abend unser unbestimmtes Verhältnis etwas aufzuklären. »Weißt du«, sagte er unmissverständlich direkt, aber mit betont sanfter Stimme, »weißt du, es kam auch bei mir überraschend. Eigentlich wollte dieses Mal meine Frau mit nach Berlin reisen, und da hätten wir uns ja nicht sehen können.«

Ich muss ziemlich irritiert dreingeblickt haben. »Du hattest mir gesagt, dass ihr beide zwar noch formal miteinander verheiratet seid, aber im Alltag nicht mehr viel miteinander zu tun habt, getrennt lebt.«

»Das ist schon richtig, Gaby. Doch ab und zu, bei bestimmten Geschäftstreffen oder irgendwelchen gesellschaftlichen Ereignissen, begleitet sie mich doch gern. Wir sind uns fremd geworden, ja, aber wir leben noch im gleichen Haus. Und vor allem muss ich mit ihr alle wichtigen Firmen-Entscheidungen besprechen, schließlich hat sie bei allen Krediten mit unterschrieben, und so gehören die Firmen auch ihr.«

Was sollte ich dazu sagen? Der Kellner servierte formvollendet die Vorspeisen. Ich glaube, ich hatte eine Lachspastete mit Dillrahm bestellt, und sicher wird sie in diesem Restaurant vorzüglich gewesen sein. Ich war aber mehr mit Johannes' Worten beschäftigt. Seine Offenbarung klang eben etwas anders, als sich das eine oder andere bei unserer ersten Verabredung angehört hatte. Also fragte ich ganz direkt: »Sag mal, wie ist das nun eigentlich wirklich. Welche Rolle sollte ich denn in deinem Leben spielen?«

Zögernd, aber letztlich doch sehr eindeutig, erklärte mir Johannes R., er hätte sich vorgestellt, ich könnte für ihn so eine Art Zweitfrau in Berlin sein. Da er geschäftlich so eng mit seiner Gattin verflochten sei, wäre an eine Scheidung nämlich überhaupt nicht zu denken. Sie habe, wie gesagt, am Anfang alle Papiere, die die Betriebe betrafen, mit unterschrieben. Eine klare Trennung mit den entsprechenden wirtschaftlichen Folgen würde ihn ruinieren, sei also völlig undenkbar.

So sehr ich mich für Johannes R. interessiert und mich schon ein kleines Stück in sein Leben hineingeträumt hatte, das war es nicht, was ich wollte. Ich suchte einen Partner, mit dem ich mir ein gemeinsames Leben einrichten konnte. Das fünfte Rad am Wagen zu sein, das nur benötigt wurde, wenn die Gattin außer Sichtweite war, nein! Dafür war ich mir zu schade. Und das sagte ich ihm auch. Johannes R. blieb nichts weiter, als zu akzeptieren.

Das war's. Es nützte mir wenig, dass Johannes R. mir an diesem Abend noch einige Male versicherte, was für eine tolle Frau ich wäre und dass er überhaupt nicht verstünde, warum ich noch allein sei. Ich war eben allein. Wieder einmal der Abschied von einer Illusion.

Natürlich beschwor er mich, dass wir doch Kontakt zueinander halten könnten. Ja sicher. Warum sollte ich ihm böse sein. Seine Zukunftsaussichten schienen mir angesichts seiner verfahrenen privaten Situation vielleicht weniger rosig als meine momentane Lage. Er hatte sein Herz an die Betriebe gehängt. Und an denen hing wiederum seine Ehefrau. Die er nicht mehr liebte. Behauptete er jedenfalls. Also musste er sich für den Rest seines Lebens mit Lieblosigkeit, bestenfalls mit kleinen Amouren nebenher begnügen. Gut, jeder folgt seinem Lebensplan. Meiner sah anders aus. Ich würde nicht ablehnen, wenn mich Johannes R. dann und wann anrufen oder zum Essen einladen sollte. Es wäre dann eine nette Bekanntschaft, mehr nicht.

Und mein Lebensplan? Würde ich ihn je verwirklichen?

Glücklicherweise hatte ich in den folgenden Wochen sehr oft in Dresden zu tun, weil sich eine ganze Menge beruflicher Kontakte ergeben hatten. Jedes Mal war Sir John Noble mein freundlicher Gastgeber, rührend um mein Wohlergehen besorgt. Zum Frühstück gibt es jetzt immer Schwarzbrot. Wir können gut miteinander reden, lachen, zwei Freunde, die aus so ungleichen Lebensbahnen heraus aufeinander getroffen sind und sich darüber freuen, den anderen zu kennen. Manchmal neckt mich Sir John mit meinen Dates. Dabei habe ich schon lange nichts mehr in dieser Hinsicht unternommen. Neulich kam noch ein Nachzügler-Brief auf meine Morgenpost-Annonce. Ein Betriebswirt, Leiter einer Versicherungsagentur, der achtzehn Jahre lang verheiratet war und drei große Töchter hatte, ein »Mann auf den zweiten Blick« wie er schrieb, der »mit beiden Beinen auf der Erde« stand und sich wünschte »ab und zu einmal zu schweben«. Unsympathisch klang das nicht. Ich habe nicht angerufen, weil ich im Moment dafür eigentlich keinen Nerv habe.

Manchmal unterhalte ich mich mit meiner Kollegin über Anzeigen-Dates, mit jener Frau, mit der ich im Frühjahr die Offensive in Sachen »Mann fürs Leben« startete. Sie hatte sich mittlerweile auch ein Herz gefasst und ihren Such-Text in die *Morgenpost* gesetzt. Sie ist erst 36 Jahre alt, hatte eine Menge Verabredungen und trotzdem nicht *den* Mann gefunden. Einmal abgesehen davon, ob man sich äußerlich sympathisch ist und welche Vorstellungen man so vom Leben hat, sind ihr beispielsweise etliche Herren untergekommen, die in festen Beziehungen lebten und nur eine kleine Abwechslung nebenher suchten.

Zu zweit beim Bürokaffee lässt es sich ziemlich gut über die verdammten Kerle lästern. Was die sich nur einbilden! Hohn und Spott über die komplette Männerwelt! Abends, allein vorm Fernseher oder in meinem großen Bett, schmilzt der ganze Stolz und Trotz dann schon mal in bitteren Einsamkeitstränen zusammen. Oft lasse ich mir solche schwarzen Stunden allerdings nicht durchgehen. Schließlich verbessert sich meine Situation beim Klagen um keinen Deut. Na klar, es tut gut, gelegentlich einmal tief zu seufzen. Trotzdem: sich regen bringt Segen. Der alte Spruch stimmt einfach. Und wenn ich nur in mein Fitness-Studio fahre und mich dort an den Geräten abarbeite, bis ich vollkommen durchgeschwitzt bin. Wie herrlich ist es hinterher, stundenlang heiß zu duschen, sich in aller Seelenruhe die Haut einzucremen und zum Schluss an der Studio-Theke noch einen frisch gepressten Apfelsinensaft zu trinken. Freude an den kleinen Dingen des Lebens, am Zimtduft des neuen Hautöls, an den kleinen Apfelsinenstückchen im Saft, die sich so schön erfrischend zwischen Zunge und Gaumen zerdrücken lassen ... Das alles verschafft doch auch Genuss! Wenn »Wolke sieben« für mich unerreichbar bleibt, dann mache ich es mir eben auf »Wolke eins« gemütlich. Da ist meistens Platz. Man muss sich nur ein bisschen hinaufrecken.

Männer und Manieren

Außerdem gab es angenehme Neuigkeiten. Sheilas Praktikums-Monate in New York gingen zu Ende. Es blieb damals im August noch offen, ob sie ihren Vertrag mit der Werbeagentur um ein halbes Jahr verlängern wollte. Der Agenturchef hatte es ihr angeboten. Aber Sheila fand inzwischen, dass sie dort alle Möglichkeiten ausgeschöpft hatte. Sie entschied, noch im Dezember nach Hause zu kommen.

Mit Kata, Ihrer besten Freundin, fuhr ich zum Flughafen und nahm Kind und Koffer in Empfang. Zu dritt haben wir uns dann in der Stadt an einen ruhigen Kaffeehaustisch gesetzt, geredet, gefragt, Bilanz gezogen. Soviel Gesprächsstoff: New York, die Agentur und: ER. Na bitte, da hatte ich mich damals im August doch nicht getäuscht. Vermutlich entwickeln alle Mütter für verliebte Töchter einen siebenten Sinn. Nun saß meine Sheila bei mir in Berlin, und in ihr klang es nur nach New York und IHM. Wo war jetzt Zuhause? Ich konnte mir das Gefühlschaos gut vorstellen: Abschied und Ankommen und am liebsten gleich wieder ein Flugticket nach New York buchen. Aber so einfach war es eben nicht. Wie alles weitergehen sollte? Ach Sheila.

Als wir dann allein im Auto Richtung Karow fuhren, fragte mich mein Kind ganz sanft: »Mami, wie ist es denn nun mit deinen Männern?« Ja, wie war es damit? Ich erklärte Sheila, was mir schon seit geraumer Zeit durch den Kopf ging: Kann es sein, dass ich mittlerweile jeden Mann, der nur irgendwie in meine Nähe geriet, als potentiellen Partner betrachtete, in Gedanken durchprüfte, ob er für mich in Frage käme oder nicht. Langsam fand ich diesen Zustand und mich in dieser Rolle ziemlich unmöglich. Außerdem: Ich mochte Club-Vermittlerin Rosenthals Stimme nicht mehr hören, verspürte keine Lust mehr dazu, mehr oder weniger vorsichtig nichts sagende Briefe an irgendwelche Männer zu schicken, die mir dann doch nicht gefielen. Mich nervten diese Caféhaus- oder Restaurant-Inszenierungen, die bestenfalls auf ein ›Es war nett, Sie kennen gelernt zu haben‹ hinausliefen. Und ich wollte ganz bestimmt nicht mehr allmonatlich die Abbuchungsrate vom CLUB DUE auf meinem Kontoauszug sehen. Lieber sollte Funny von diesem Geld regelmäßig eine Doppelration frischen Lachs mit Honigmelone bekommen!

Endlich Leben in unserem Haus: wieder Sheilas Mantel am Garderobenständer, ihre Kosmetik im Bad, ihre Musik, ihre Freundinnen. Natürlich woll-

te ich Sheila die aktuellen Berliner Musical-Insze-
nierungen zeigen, außerdem gab es so viel Neues
im Kino. Weihnachtsgeschenke mussten besorgt
werden, und dann wartete in Chemnitz schon meine Mutti sehnlichst darauf, dass Enkelkind Sheila
von den Amerika-Erfahrungen erzählte. Mir gefiel
der Trubel.

Aber weil ich es mir fest vorgenommen hatte,
fand ich zwischendurch die Zeit, mich bei einem
Rechtsanwalt über die Möglichkeit zu beraten, aus
diesem DUE-Vertrag herauszukommen. Einmal
abgesehen davon, wie wenig sinnvoll im Frühjahr
und Sommer die Rosenthalschen Vermittlungen
ausgefallen waren, inzwischen nahm ich ja ihre
Telefonansagen bereits monatelang nicht mehr in
Anspruch, und in diesen zweifelhaften DUE-
CLUB-Räumlichkeiten würde man mich ganz
bestimmt nie wieder sehen. Irgendwo hatte ich
gelesen, dass man als Kunde einer Partnervermitt-
lungsagentur jeden Vertrag ohne weitere Begrün-
dung jederzeit kündigen könne. Aber im DUE-Vertrag stand etwas von einjähriger Laufzeit der
Mitgliedschaft und dreimonatiger Kündigungsfrist.
Also wollte ich mich lieber informieren, wie ich aus
der Angelegenheit wirklich herauskam. Wenn ich
mir vor Augen hielt, dass diese ganze Inszenierung,
von den Lockvogel-Anzeigen in der Zeitung über
die leeren Rosenthalschen Versprechungen bis hin
zu den ebenso hektisch wie lieblos aus dem Karteikasten gefischten ›passenden Herren‹ offenbar nur

den einen Sinn hatte, einsamen Frauen möglichst viel Geld aus der Tasche zu ziehen, wenn ich mir das überlegte, dann stieg Wut in mir auf. O ja, das Geschäft florierte. Ich hatte die Männer – und beim Tanzabend im DUE-CLUB auch die vielen Frauen – gesehen, die sich von geschickten Werberinnen so einen Vertrag hatten aufschwatzen lassen. Und erst nach etlichen Enttäuschungen begriffen, dass ihnen da lediglich ihre eigenen Träume verkauft worden waren.

Der Fach-Rechtsanwalt für Verbraucherrecht, den ich mir aus den *Gelben Seiten* gesucht hatte, konnte mir nicht mit einer schnellen Lösung dienen. Kopfschüttelnd sah er den Vertragstext durch und erklärte mir, dass es tatsächlich so war, wie mir die Rosenthal damals nachdrücklich erklärt hatte. Durch meine Unterschrift unter den Vertrag hatte ich mich nicht einer Partnervermittlung, sondern einem sogenannten »Freizeit-Club« zur einjährigen Mitgliedschaft verpflichtet. Ich solle mir das so ähnlich wie in einem Sportclub oder in einem Fitness-Studio vorstellen. Auch deren Mitglieder sind verpflichtet, regelmäßig den festgelegten Mitgliedsbeitrag zu bezahlen. Versäumte ich das, so hatte dieser Club durchaus das Recht, mich zu mahnen. Der Anwalt erinnerte sich an Fälle, wo Single-Clubs nicht davor zurückscheuten, ausstehende Mitgliedsbeiträge per Inkasso-Firma oder sogar über das Mahngericht einzutreiben. Jetzt dämmerte mir, warum die Rosenthal bei diesem ersten

Gespräch immer wieder erklärte, dass es sich nicht um eine Agentur, sondern um einen Single-Club handele. Damals hatte ich ihrer Bemerkung keine Bedeutung beigemessen. Genau das also war der Haken an der ganzen Geschichte. Na toll. Also konnte DUE weiter bei mir abkassieren und ich nichts dagegen tun.

Sarkastisch konterte der Anwalt meine Empörung mit seinen launigen Bemerkungen: »Wer kein Gewissen hat und schnell reich werden will, der sollte einen Partnerclub gründen. Er erzählte mir, dass sich jeder als Ehevermittler versuchen kann, der sich diesen Job zutraut. In einem Land, in dem jeder Fleischermeister eine schwere Meisterprüfung vor seiner Handwerkskammer ablegen muss, bevor er auch nur ein Kotelett absäbeln darf, gibt es für so eine wichtige Branche wie die Ehe- und Partnervermittlung keine Vorschriften, keinerlei Nachweispflichten über eine Ausbildung. Und überhaupt sehr viel Halblegales. Schon wegen der Steuerbehörden würden die wenigsten dieser Club-Veranstalter ihr Gewerbe weder ordnungsgemäß anmelden noch sich in die *Gelben Seiten* eintragen lassen. Wer dann bei Ärger abtauchte, wäre weder für wütende Kunden noch für die Gerichte auffindbar. Trotz des unseriösen Images laufen die Geschäfte mit den einsamen Herzen großartig. Die Mitgliedschaft in einem Single-Club oder der Auftrag für eine Partnervermittlung kosten mittlerweile zwischen tausend und fünfzehntausend Mark.

Na, da war ich beim CLUB DUE ja noch halbwegs preiswert davongekommen.

Und gab es wirklich keine Chance, aus diesem Vertrag sofort herauszukommen? Dem Rechtsanwalt fiel nur die Möglichkeit ein, dass ich ihn vielleicht in einer Privatwohnung abgeschlossen hätte, da würde dann das Haustürwiderrufsgesetz gelten. Es sei den Gerichten bekannt, dass solche Vermittlerinnen oft von zu Hause aus arbeiteten. In diesem Fall müsse der Vertrag eine Widerrufs-Belehrung enthalten, das sei gesetzlich vorgeschrieben. – Haustürwiderrufsgesetz, ich fand allein das Wort schon zungenbrecherisch genug. Außerdem würde es in meinem Fall wohl nicht funktionieren. Der Raum, in dem mich Frau Rosenthal damals empfing, war zweifelsfrei ein Büro. Und ein großes CLUB-DUE-Schild hatte auch im Treppenaufgang gehangen. Ja, dann ... Der nette Anwalt riet mir zum Abschied, auf keinen Fall den Kündigungstermin für meinen Club-Vertrag zu versäumen. Zahlen würde ich vorerst noch müssen. – Also Funny, nichts ist mit frischem Alaska-Lachs. Es gibt Dosenfutter. Tut mir leid!

Sheila schrieb unterdessen fleißig Bewerbungen, kopierte Zeugnisse und Praktikumsberichte, fuhr zu Vorstellungsterminen. Ich verfolgte das mit dem größten Interesse. Natürlich wünschte ich meinem Kind von ganzem Herzen einen tollen Job in einem guten Team, mochte es nun in Berlin, München oder Hamburg sein. Im Stillen hoffte ich natürlich, Sheila würde in meiner Nähe bleiben. Vielleicht sogar bei mir im Karower Haus. Andererseits: Sie ist erwachsen, beginnt ihr Berufsleben, wäre es da nicht normal, wenn sie sich eine eigene Wohnung suchte, in eine andere Stadt zöge?

Irgendwann Mitte Dezember traf ich Chefredakteur Wolff von der *Super Illu,* der mich artig nach meinem Befinden fragte. Ich erklärte ihm launig, das Boot sei zwar flott, aber ich segelte eben immer noch allein durch die Welt. »Aber, aber«, meinte er, »da muss doch was unternommen werden. Was halten Sie denn davon, auf der Single-Seite unseres Blattes einen Versuch zu starten?«

Zuerst fand ich den Vorschlag, meine privaten Recherchen auf diese Art in der Öffentlichkeit auszustellen, ein wenig absurd. Dann schaute ich mir die entsprechenden Seiten an: Bei den Single-Foto-Vorstellungen wurden keine Namen genannt. Wenn ich den Text kurz und neutral hielt und ein Foto wählte, auf dem mich nicht gleich jeder als die Eiskunstläuferin wieder erkannte, konnte ich auf das Experiment eingehen. Also gut. Der Text lautete:

Gestandene Frau im besten Alter, sportlich aktiv, beruflich engagiert. Wo ist der erfolgreiche, selbstbewusste Mann, der mit Humor und Lebensfreude Gedanken und Aktivitäten mit mir teilt.

Ich brachte ihn zur Redaktion, und dann brach der Weihnachts-Endspurt über mich herein. Und dieses Jahrtausend-Silvester, von dem schon alle seit Monaten ganz irre wurden, weil die Medien jede Kleinigkeit des Jahreswechsels zum »Millennium«-Ereignis hochstilisierten. Und dann diese mehr oder weniger witzigen Debatten darüber, ob nun dieses Mal oder erst zu Silvester 2000 das neue Jahrtausend begann ... Herzlich gelacht habe ich, als in irgendeiner der seriöseren Zeitungen ein Historiker vorrechnete, dass Jesus, wenn überhaupt, nicht am 25. Dezember im Jahre Null, sondern irgendwann im August oder September sieben Jahre zuvor geboren wurde. Er machte seine Behauptung am astronomisch halbwegs genau errechenbaren Datum fest, zu dem diese große Sternschnuppe, der ›Stern von Bethlehem‹ an der Erde vorübergezogen war. Die Schlussfolgerung des Historikers: Wenn schon, dann hätten wir das Millenium ungefähr im August 1993 feiern müssen. Das erzählte ich dann jedem, der mich in tiefsinnige Gespräche darüber verwickeln wollte, dass doch nun gerade zu diesem Jahrtausendwechsel etwas Wichtiges passierte, vielleicht auch etwas Unvorhergesehenes. Pech gehabt, das Millennium ist schon längst gelaufen. – Ja sicher, neugierig auf das Kommende war ich wie in jedem Jahr zuvor auch. Zum sonstigen Millennium-Geschrei sagte ich mir einfach: Bange machen gilt nicht. Ich füllte also weder kurz vor Mitternacht heißen Überlebens-Tee in Thermoskannen, weil ja nun die Stromversorgung des Landes zusammenbrechen würde, noch legte ich in meiner Badewanne ein Trinkwasser-Reservoir an. Selbst meinen Computer überließ ich ungerührt dem vorhergesagten Jahrtausend-Crash. Er hat ihn, wie alle anderen auch, hervorragend überstanden. Mit den guten Freunden, die mit mir Silvester feierten, war ich einer Meinung, dass dieses ganze Millenniums-Spektakel nur eine Werbekampagne internationaler Hard- und Software-Hersteller war.

Gleich Anfang Januar reiste unsere gesamte Familie, wie jedes Jahr, gemeinsam zum Skiurlaub, wie immer im österreichischen Sölten, im herrlichen Ötztal. Dieses Mal hatten wir besonderes Glück mit dem Wetter, wunderschöne Sonne und phantastische Schneebedingungen. Wir drei Frauen, meine Mutti, mein Kind, ich, standen mit Begeisterung täglich auf den Pisten. Meine Mutti, immer noch Sportlerin durch und durch, hält auf den Brettern hervorragend mit! Und wer sie kennt, weiß, dass wir drei morgens mit unter den ersten am Lift und abends meistens unter den letzten Rückkehrern waren. Wenn Sport, dann möglichst intensiv, perfekt und schweißtreibend! O ja! Mein Vati dagegen, der viele Jahre lang ein sehr aktiver Spitzen-Fußballer war, was ihm in beiden Knien künstliche Gelenke einbrachte, muss sich schonen. Also suchte meine Mutti ein sehr schönes Hotel mit Swimmingpool, Saunen, einer herrlichen Bade-Landschaft aus. Da konnte Vati beim Schwimmen seine Knie entlasten und sich auf seine Weise entspannen. Wenn wir von den Pisten zurückkamen, genossen natürlich auch wir drei Frauen das warme Wasserbecken.

Ski- und Badewelt lasteten mich vollends aus. Abends lag ich bestenfalls noch eine Stunde vor dem Fernseher. Sheila stürzte sich natürlich noch ein paar Mal in das Söltener Nachtleben, 24 Uhr in die Disco, wie das die jungen Leute heute so machen. Ziemlich anstrengende Gepflogenheiten. Ich war zufrieden, zu Hause bleiben zu können.

Ich hatte mich bemüht, unsere österreichischen Urlaubstage völlig entspannt zu genießen, ohne daran zu denken, dass der letzte Urlaubstag, der Montag, ein Umzugstag sein sollte. Sheila trat ihre erste Arbeitsstelle bei einer Werbeagentur in Hamburg an. Die Agentur besaß in der Branche einen hervorragenden Ruf, die Konditionen für Sheila waren völlig in Ordnung, eigentlich konnte ich ihr und mir nur gratulieren. Trotzdem. Meine leise Traurigkeit darüber, dass mein Kind nun die nächsten Jahre im Norden verbringen würde, bemühte ich mich tapfer herunterzuschlucken. Hamburg liegt schließlich nicht am Ende der Welt, es gibt Telefone, ICE-Züge und Autobahnen. Trotzdem. Wie das so meine Art ist mit Traurigkeit umzugehen, verlegte ich mich aufs Praktische. Sicher würde Sheila meine Hilfe beim Umzug benötigen. Es war so viel zu organisieren, zu packen, auszusortieren ... Leider klappte es mit der Hamburger Wohnung zunächst nicht so, wie wir uns das vorgestellt hatten. Also hatte ich an diesem letzten Urlaubs-Montag im Januar Zeit für mich – und für meine Briefe.

Tatsächlich bekam ich über Weihnachten und Neujahr aus der Mollstraße, wo die Redaktionsräume der *Super Illu* liegen, etliches an Post geschickt, Reaktionen auf meinen Text. Einige der Leser hatten mich auf dem Foto doch erkannt und schrieben fröhlich an ihre Gaby. »Mir ist klar, dass ich kaum eine Chance habe, bei Ihnen zu landen. Aber trotzdem versuche ich mein Glück, wenn ich auch sieben Jahre älter bin als Sie, werte Frau Seyfert. ... sollte ich nicht Ihre Gunst erringen, so erlaube ich mir, bei Ihnen um ein Autogramm-Foto nachzusuchen. Einen Freiumschlag füge ich zu Ihrer Entlastung bei.« – »Mit vorzüglicher Hochachtung« war dieser Brief unterschrieben. Ach, meine Fans sind doch verständnisvolle, treue Seelen!

Eine anderer, von etwas zupackenderer Natur (»Hallo Gaby«) schrieb mir sogar eine lange Geschichte: dass er sich freue, nun endlich Kontakt zu mir zu bekommen. Er habe mich vor 20 oder 25 Jahren während der Leipziger Messe an einem Stand der Firma Robert Chr. aus Wuppertal getroffen und nie vergessen. Wir wären damals nach Messeschluss noch zusammen mit Robert Chr. und anderen in eine Bar zum Tanzen gegangen, schrieb mir Karl-Heinz E. aus Gera, aber dann hätte er mich verloren und sei trotz heftiger Bemühungen nie an meine Adresse gekommen. Das konnte gut sein. Von meinem lustigen Freund Roberto mit seiner kleinen Werkzeugfirma, der gern an den Messe-Abenden in irgendeiner Leipziger Bar eine fröhliche Gesellschaft junger Leute um sich scharte, habe ich schon berichtet. Mit Roberto, der um etliches älter war als ich, blieb ich bis zu seinem Tod befreundet. An jenen Geraer Karl-Heinz konnte ich mich nicht mehr erinnern. Schade, dass er über sich selbst kaum ein Wort verlor, nur, dass er in Gera einen Betrieb habe.

Alle, die mich erkannt hatten, spielten natürlich auf meine sportliche Figur an, was ja soweit Okay ist. Ein besonders kecker Bursche kam von der Kondition auf die Proportionen und erklärte rundheraus, ich würde »einen schönen Rücken und auch sonst alles besitzen, was einen Mann glücklich machen kann«. Er schloss mit dem Kinderreim: »Es grüßt Sie wie gewöhnlich, zum Küssen komme ich persönlich. Dietmar.« Sein Brief war mir schon des kuriosen Umschlags wegen aufgefallen: Obenauf, größer als die Adresse, prangte ein Klebebildchen aus einer Illustrierten, ein Teddybär mit roter Pudelmütze. Die Briefmarke daneben war schräg angebracht. Ich erinnere mich, dass wir als kichernde Mädchen auch eine Geheimsprache hatten, eine Briefmarke schräg auf das Kuvert zu kleben bedeutete irgendetwas. Ich weiß nicht mehr was. Dass Männer oft nur große Kinder sind, ist keine Neuigkeit. Dieser Briefeschreiber schien nun eine besonders unbekömmliche Mischung aus pubertierendem Knaben und Macho zu sein. Kopfschüttelnd beförderte ich seinen Brief als ersten von dem *Super Illu*-Stapel in den Papierkorb. Auf plumpe Anmache stehe ich überhaupt nicht.

Die Mehrheit der Briefschreiber hatte mich nicht erkannt, aber diese »Hallo liebe Unbekannte«-Briefe waren leider fast allesamt knapp und nichtssagend gehalten. Irgendwie kann ich es nicht mehr hören: Alle diese selbstbewussten, humorvollen Typen mit ihren ›vielseitigen Interessen‹ und ›Lust auf romantische Stunden bei Kerzenschein‹ ...

Obwohl es doch eigentlich um ihr zukünftiges Lebensglück gehen sollte, sparten sich die Absender jegliche Mühe, sich ein bisschen individueller vorzustellen. Mancher sparte sogar an den Buchstaben: Ich weiß, dass »MfG« als Kürzel für »Mit freundlichen Grüßen« dienen soll, aber Manieren waren das!

Ein anderer, nach eigenen Angaben ein »gestandener Elektromeister« hatte mir zwar gleich vier Fotos beigelegt, aber die waren allesamt fleckig, zerknittert, offenbar rasch aus der Wühlkiste mit den Familienbildern gegriffen. Das Putzige daran: die Aufnahmen zeigten zwar den betreffenden Herrn teils in Schwarz-Weiß bei einem Ostseeurlaub vor vermutlich vierzig Jahren, teils mit der Tochter in verschiedenen Lebensaltern (von 6 bis sechsundzwanzig), aber ein aktuelles Foto des Elektromeisters gab es nicht. Wahrscheinlich war der Gute rundum ziemlich sparsam. Seine wenigen Zeilen an mich hatte er mit blässlicher roter Kulimine auf der Rückseite eines Büro-Kopfbogens aus DDR-Zeiten geschrieben. Noch zehn Jahre nach der Wende zehrte er auf diese Weise vom papiernen Erbe des »VEB Maschinenfabrik L., Betrieb des VEB Kombinat TAKRAF«, in dem er vermutlich einmal gearbeitet hatte. Ich halte nun wirklich viel von Sparsamkeit, aber sie darf nicht in schrulligen Geiz ausarten. Niemals käme ich auf die Idee, meine Post etwa auf der Rückseite alter Briefbögen des Eislaufverbandes der DDR zu tippen ... Etwas mehr Mühe dürften sich solche kontaktsuchenden Herren schon geben.

Aussortiert wurden auch der »bekennende Nichtraucher und Nichttrinker« Wolfgang (obwohl er angab, sich für Gartenarbeit und schöne Blumen zu engagieren) und ein weiterer Liebhaber »zärtlicher Musik und romantischen Essens«.

Siehe da, sogar ein Brief aus dem fernen Bayern war dabei: Ein Friseur aus einer kleinen Stadt im Alpenvorland teilte mir auf dem Kopfbogenpapier seines Ladens (»Der Coiffeur, der Mode macht. Weltmeister i. T. Deutscher Meister Hans K.«) mit, er sei finanziell unabhängig, betreibe zwei Salons und darüber hinaus an den Wochenenden Seminare und Fachveranstaltungen. Irgendwie klang das Ganze wie ein Bewerbungsschreiben an den Berliner Star-Friseur Udo Walz und nicht wie ein Kontaktangebot an eine Frau. Nein nein, es handelte sich dieses Mal nicht um einen Chiffre-Irrtum. Der Mann aus dem Bayrischen fand wahrscheinlich, dass ökonomische Daten für eine ins Auge zu fassende Partnerschaft die wesentlichsten Informationen seien. Eigentlich würde ich ihn nur anrufen wollen, um herauszubekommen, was ein ›Weltmeister i. T.‹ ist. Weltmeister im Trockenbürsten? Oder im Toupieren? Übrigens lag dem Brief ein etwa passbildgroßes Konterfei des Herrn K. bei, offenkundig mit der Nagelschere aus einem größeren Foto ausgeschnitten. Ich weiß nicht, warum ihm dieses herausgeschnippelte Bildchen so viel bedeutete, auf jeden Fall hatte er diskret gleich drei Briefmarken dazugelegt, damit er es auf jeden Fall zurückbekam.

Seufzend schob ich den Briefstapel zusammen. Eigentlich war nichts Richtiges dabei. Ein Brief hatte mich sogar ziemlich traurig gestimmt. Den wollte ich wegen seiner steilen, ungelenken Schrift und den unendlich vielen Rechtschreibfehlern zuerst rasch beiseite legen. Dann fiel mir das Wort »Behindertenheim« auf. Rüdiger S., ein fünfunddreißigjähriger Mann, schrieb von seiner Einsamkeit. Bis 1990 hatte er ganz normal bei seinen Eltern gelebt, LPG-Bauern irgendwo im Magdeburgischen.

Ziemlich stolz schrieb er von der ordentlichen Zweieinhalb-Zimmer-Neubauwohnung. Auch er konnte in der LPG arbeiten und sein eigenes Geld verdienen. Offenbar hatte er sich damals trotz eines starken Sehfehlers keineswegs als Behinderter empfunden. Dann kam die Wende, und Rüdigers kleine, geordnete Welt ging in die Brüche: Er und später auch die Eltern verloren die Arbeit. Dann starben nacheinander Vater und Mutter. Mit der Verwandtschaft kam er nicht mehr klar, niemand, auch nicht seine Schwester, wollte ihn aufnehmen. Da blieb für ihn als Alternative nur das Behindertenheim in einer anderen Stadt, unter Fremden. An den Wochenenden besucht er seine neunzigjährige Großmutter im Heimatdorf. Und wünscht sich so sehr eine Frau, mit der er außerhalb des Heims, in einer eigenen Wohnung sein könnte. Ein schüchterner Mann, der viel Ruhe und Zärtlichkeit braucht, so beschrieb er sich. Eine bittere Bilanz. Könnte ich etwas für ihn tun? Wohl kaum.

Mit zwei Zuschriften befasste ich mich näher. Der eine Kandidat hatte mir zwei ungewöhnliche Fotos geschickt, darauf ein kräftiger Mann mit einem riesigen dunklen Schnauzbart in einem Krankenpflegerdress. Er war einmal offenbar in einem Labor fotografiert, mit dunkelgrüner Chirurgenhaube. Auf dem zweiten Bild trug er ein weißes Tuch um den Kopf drapiert, das wie bei Wüstenreitern nur für seine dunkel blitzenden Augen einen Sehschlitz frei ließ. Auf seinem Unterarm trug er eine Tätowierung. Dschingis-Khan, war meine Assoziation. So originell ich die Fotos fand, so deplatziert erschien mir sein Briefpapier. Es sah aus, als hätte er es rasch aus einem Kinderzimmer geholt: Kleinkariert mit irgendwelchen grellbunten Mäusen darauf. Aber vielleicht sollte das alles nur ein Test sein, ob ich Humor hätte? Dschingis-Khan teilte mir mit, dass er 52 Jahre alt sei, 90 Kilo ›leicht‹ und beruflich an einer medizin-technischen Firma beteiligt. Er beschrieb sich als zärtlich, unkompliziert, im großen Ganzen eher ein gelassener Typ, mit Fehlern, aber auch mit ein paar guten Seiten. Meine Neugier war geweckt. Also wollte ich nicht lange Zeit verstreichen lassen, rief an, wir verabredeten uns für das darauf folgende Wochenende im Nikolaiviertel, bei »Reinhardt's« zum Abendessen.

Der andere Brief kam von einem Herrn Hanno aus Berlin-Weißensee und fiel schon sehr angenehm aus dem Rahmen dessen, was man mir bislang so angeboten hatte:

»Vielleicht könnte ich – ... nachdenklich, mit Eigensinn, doch berührbar – der ... Mann ... sein; ein inspirierender Kontrapunkt, aber auch Ihren Wunsch nach Harmonie erfüllend.« Herr Hanno wünschte sich eine selbstbewusste, kluge und ein wenig sinnliche Frau. Besonders sein letzter Satz gefiel mir: »Seien Sie meiner Wahrhaftigkeit versichert.« Nun hatte Herr Hanno mir nur seine Adresse, keine Telefonnummer mitgeteilt. Ich schrieb ihm kurz und schlug vor, ein Date auszumachen. Wir würden sehen.

Wie immer stand ich pünktlich im Entree des »Reinhardt's«. Und wartete eine Viertelstunde auf Dschingis-Khan. Ich habe auch noch eine weitere Viertelstunde gewartet. Umsonst. Im Brief stand seine Handy-Nummer, und so versuchte ich, ihn vom Restaurant aus zu erreichen. Fehlanzeige, es ging weder jemand an den Apparat, noch reagierte der Anrufbeantworter. Ich muss schon sagen, dass ich etwas erbost nach Hause fuhr. Was sollte das denn nun wieder?

Auch an den folgenden Tagen meldete sich kein Dschingis-Khan bei mir. Ich dachte nicht daran, diese Geschichte auf sich beruhen zu lassen und wählte im Laufe der Woche mehrfach das Handy an. Irgendwann am Wochenende bekam ich bei einem letzten Versuch doch noch Kontakt. Nachdem ich ihn an die Verabredung im »Reinhardt's« erinnert hatte, fiel dem Herrn ein, dass es ihm schrecklich Leid täte, er hatte ganz plötzlich ins Krankenhaus gemusst.

Sicher, so etwas kann passieren. Aber so einfach wollte ich ihm die Sache doch nicht durchgehen lassen: »Sie hätten mich vielleicht informieren können?«

»Äh, ja, das stimmt. Aber es ging alles viel zu schnell«, sagte er. »Es tut mir leid. Ich rufe Sie dann wieder an. Im Moment geht es mir noch nicht so besonders.«

Gut, wenn jemand krank ist und noch Ruhe braucht ... Aber irgendwie war ich doch ein wenig frustriert. Und natürlich kam auch an den nächsten Tagen kein Anruf. Wer will mir übel nehmen, dass ich die ›Krankheit‹ als billige Ausrede diagnostizierte.

Ungefähr eine Woche später war ich zu einer Talk-Show beim Ostdeutschen Rundfunk Brandenburg in Cottbus eingeladen. Es kam da eine recht muntere Runde zusammen, ein Physiker, dann der Sohn von Egon Krenz, außerdem die sehr sympathische Schauspielerin Claudia Wenzel. Ich denke, es war ein gutes Gespräch. Als ich spätabends von Cottbus nach Hause zurückkehrte, überraschte mich ein Anruf von Herrn Dschingis-Khan. Er hatte sich nämlich gerade diese ORB-Talkshow angeschaut und verspürte nun, urplötzlich, starkes Interesse an meiner Person: »Ja, ich habe Sie im Fernsehen gesehen, und nun sagen Sie mir mal, wie lange sind Sie denn eigentlich ein Single?« Ich fand das schon arg. Erst versetzte dieser Mann mich, hielt es nicht einmal für notwendig, sich anschließend zu melden und zu entschuldigen, und jetzt auf einmal ... »Wissen Sie«, sagte ich, »Sie haben es bisher nicht geschafft, mich anzurufen, und nun, wo Sie mich in der Fernseh-Runde gesehen haben, stellen Sie mir unvermittelt ziemlich intime Fragen. Meinen Sie nicht, dass man sich dazu erst einmal treffen und in Ruhe unterhalten, sich ein wenig kennen gelernt haben müsste?«

Tja, da war der Herr beleidigt. Und legte ohne ein weiteres Wort den Telefonhörer auf. Ich glaube, ich habe nichts an ihm verloren.

Kurz darauf kam noch ein überraschendes Date zustande. Herr Horst meldete sich. Er gehörte zu denjenigen, die auf meine erste Anzeige in der *Morgenpost* reagiert hatten, der Brief mit dem roten Stempel aus japanischen Schriftzeichen stammte von ihm. Weil er darin kaum etwas über sich selbst mitteilte, hatte ich ihm auch nur lakonisch meine Handy-Nummer auf den Anrufbeantworter gesprochen. Und ihn dann komplett vergessen. Nun also wollte jener Herr Horst wissen, ob ich immer noch Single sei und mich mit ihm treffen könne. Es gäbe da gerade in Berlin-Dahlem, im Völkerkundemuseum, eine Ausstellung über japanische Kleider, japanisches Design, die könnten wir doch kommenden Sonntag gemeinsam durchstreifen?

Für eine der üblichen Einladungen hätte sich Herr Horst ganz sicher einen Korb eingehandelt. Doch dieser Vorschlag klang zumindest einmal ungewöhnlich. Ein Museum, warum nicht, wahrscheinlich war der Mann Japan-Fan, das konnte interessant werden.

Herr Horst erwies sich als ein höchst selbstbewusster, ziemlich kleiner, aber drahtiger Mann unbestimmbaren Mittelalters in Jeans und Kaschmir-Sakko, einen grellgelben Seidenschal um den Hals drappiert. Eilig schleppte er mich von Ausstellungssaal zu Ausstellungssaal, fand dieses Stück originell in der Farbgebung und jenes kühn gemustert ... Ich wurde allerdings den Eindruck nicht los, dass er mich nur in dieses Museum eingeladen hatte, um sich selbst vorzuführen. Am Ende der Ausstellungsrunde wollte er dann auch prompt wissen, ob mir der Nachmittag mit ihm zugesagt habe.

»Nun ja«, reagierte ich gedehnt, »ich weiß jetzt zwar etwas über japanische Händlermäntel und Feuerwehruniformen, aber von Ihnen doch so gut wie gar nichts.« Er wollte sich dann auch gerne noch mit mir unterhalten, und so landeten wir nach kurzem Suchen bei einem Italiener. Bei Pasta und Wein erfuhr ich von Herrn Horsts eigentlichen Lebensumständen wieder nicht viel, dafür hielt er mir einen Vortrag über die Liebe: Er sei ein Typ, der jedes Mal vollkommen in einer Beziehung aufgehe, manchmal setze sein Verstand da total aus. Frauen wären überhaupt das Allergrößte auf der Welt, die meisten so viel treuer als die Männer, eher bereit zu verzeihen. Von einer Geliebten wünsche er sich tolle Gespräche, ganz viel Romantik und natürlich den besten Sex. Langsam und bedeutsam ließ er seine Worte zwischen uns fallen. Und schaute mir gelegentlich tief in die Augen, ob da nicht schon irgendeine Erwartung glänzte. Seine Augen glitzerten nämlich zunehmend begehrlich.

Als ich einen Espresso bestellen wollte, schlug er lächelnd vor, den doch lieber bei ihm zu trinken, seine Wohnung läge, zufällig, rein zufällig, in der Nebenstraße. Normalerweise hätte ich auf solch dreistes Angebot hin nachgefragt, ob er mir denn auch seine Briefmarkensammlung zeigen wolle. Doch ich ließ es und wartete darauf, was ihm noch zur Überraschungskunst einfiel. Und prompt kam es. Um mich endgültig zu überzeugen, fügte Herr Horst hinzu, er habe sich jüngst eine italienische Espressomaschine gekauft, die könnten wir ausprobieren. Ich starrte ihn eine Sekunde an, dann musste ich einfach loslachen. Für wie naiv hielt mich der wirre Typ mit Seidenschal und Lust auf Sex eigentlich? Schleunigst bat ich den Kellner um die Rechnung und verabschiedete mich.

Noch einmal drehte sich mein Kandidaten-Karussell weiter: Mit Herrn Hanno aus Weißensee hatte ich mich einige Tage später in einem Restaurant in der Fasanenstraße verabredet. Dort wartete also der angekündigte große schlanke Mann um die Fünfzig, nachdenklich, mit Eigensinn. Er hatte sich in seinem Brief recht gut beschrieben. Uns beiden fiel es nicht schwer, miteinander ins Gespräch zu kommen. Herr Hanno stellte sich mir als Verlagslektor vor, der in seinem Beruf aufginge. Er war natürlich auch schon einmal verheiratet, sei jetzt geschieden. Sein erwachsener Sohn lebe in München, er besuche ihn oft. Ansonsten begeisterte sich Herr Hanno für die Oper, und das ziemlich exzessiv. Mindestens jedes Wochenende sah er sich in einem der drei großen Opernhäuser dieser Stadt neue oder auch mal gute alte Aufführungen an. Begeistert erzählte er mir, was gerade in der Komischen, der Deutschen und der Staatsoper unter den Linden so vor sich ging, nannte mir Sänger und Dirigenten, die er besonders schätzte, erzählte, dass er jeweils zu den Berliner Festtagen extra Urlaub nehmen würde, um auch ja alle Gastspiele miterleben zu können ... Schon deswegen liebte er Berlin: Drei Opern, ein Luxus, den sich sonst kaum eine andere Stadt der Welt gönne.

Ich hörte ihm mit etwas gemischten Gefühlen zu: Einerseits mache ich mir nicht sonderlich viel aus klassischer Oper. Händel, Wagner und Verdi schön und gut, aber sie sind nun einmal nicht meine Sache. Andererseits empfand ich Herrn Hannos Begeisterung fast als mitreißend. Menschen, die etwas ganz stark wollen, sind mir meist sympathisch. Als wir dann auf meine Vorlieben kamen, auf den Sport, stellte sich heraus, dass Herr Hanno ein passionierter Jogger war: Mindestens zweimal pro Woche schrubbte er einsam seine Kilometer rund um den Weißen See. Und da brauchte er auch keine Begleitung. Ski, Tennis und Schlittschuhe waren dagegen weniger seine Sache. Streng genommen kamen wir mit unseren Freizeitinteressen kaum überein.

Irgendwann fragte ich Herrn Hanno, der ja aus dem Osten Berlins stammte, ob er mich eigentlich auf dem Foto in der *Super Illu* erkannt hätte?

»Aber natürlich habe ich Sie erkannt, Frau Seyfert. Ich weiß auch viel über Ihre Karriere als Eiskunstläuferin, ich bin ja in Ihrem Alter und habe Sie immer sehr verehrt. Und wissen Sie, was ich gedacht habe, als ich das Foto sah: Es handelt sich einfach nur um einen Gag der *Super Illu*. Vielleicht, um für diese ›Herz-sucht-Herz‹ Rubrik zu werben. Als ich Ihren persönlichen Antwortbrief erhielt, war ich vollkommen überrascht.«

Schau einer an. Obwohl er also gezweifelt hatte, schickte er einen so wohl formulierten Brief an mich ab.

Vorläufiges Fazit

Übrigens rief mich Herr Hanno, allen unterschiedlichen Interessen zum Trotz, wenige Tage nach unserem ersten Gespräch noch einmal an. Ob wir nicht ... Nein, ich wollte nicht mehr. Schluss mit diesen Dates! Schluss auch mit allen Annoncen, Agenturen, CLUB-Vermittlungen! Das alles brachte nichts und war nichts für mich. Beim Geschäft mit den einsamen Herzen werden doch nur die jeweiligen Clubbetreiber oder Vermittler satt. Ich war lediglich um die Erfahrung reicher geworden, dass dies nicht der Weg sein konnte, einen Partner zu finden.

Die kuriosesten Verabredungen sind zustande gekommen, und ich ging wirklich nicht mit vorgefasster Meinung hin, wie ›der‹ Mann auszusehen habe. Doch die Vorstellungen, wie der Partner sein soll, was man von einer neuen Beziehung erwartet oder auf gar keinen Fall erleben will, werden durch die vielen Erfahrungen, die man macht, immer konkreter. Während ein junger Mensch noch unvoreingenommen dem anderen gegenübertritt und sich im Miteinander verändert und auch formen lässt, fällt es gestandenen Persönlichkeiten schwerer, auf den anderen einzugehen. Es gibt so viele lieb gewordene Gewohnheiten, die man auf gar keinen Fall aufgeben möchte. Es gibt Lebensumstände, in die der neue Partner hineinpassen muss. Doch wie soll das funktionieren, wenn der andere Partner genauso denkt? Das alte Sprichwort: »Jedes Töpfchen findet sein Deckelchen« trifft heutzutage wirklich weniger zu. Und so bleiben viele »deckellos« und sind's zufrieden. Wie anders soll ich es mir erklären, dass es bei einigen Herren schon unheimlich schwierig war, überhaupt einen Kennenlerntermin zu verabreden, obwohl sie eine Annonce aufgegeben hatten oder sich einer Partnervermittlung anvertrauten – also eigentlich Suchende waren. Der größte Hinderungsgrund war angeblich die Zeit. Was heißt eigentlich, ich habe keine Zeit? Es heißt, andere Dinge, was auch immer, ob Beruf oder Hobby, haben Priorität. Ich kann das sehr gut nachempfinden. Der Wunsch nach einem Partner, der an einem besonders trüben Novembernachmittag stärker das Gefühlsleben beeinflusst, verfliegt bei einer Party unter Freunden schon fast. Es geht ja auch allein! Es sei denn, durch Zufall oder Schicksal schlägt die Bombe ein und der oder die Richtige begegnet uns, und das Kribbeln im Bauch ist wieder da. Aber so oft gibt es keinen Bombenalarm!

Durch meine Tochter Sheila, die jetzt 26 Jahre alt ist, habe ich hautnahen Kontakt zu vielen Menschen dieser Altersgruppe und den Fragen, die für sie wichtig sind. Auch diese Generation tut sich oft schwer mit festen Bindungen. Das eigene Ich mit all seinen Wünschen, die möglichst ohne Verluste, Kompromisse und Einschränkungen ausgelebt werden wollen, hat Vorrang. Unverbindlichkeit ist das Schlagwort, denn so hält man sich immer noch ein Türchen offen im großen Lebenskarussell und kann jederzeit von der Gondel abspringen, wenn sich etwas Besseres bietet. Viele Mütter haben schöne Töchter, und die Welt ist so groß! Das Resultat sind Menschen, die die Welt bewandern auf der Suche nach Abenteuer, Liebe, Erfolg und Erfüllung – das ist nichts Neues, aber heute wollen sie es ohne Reflexion und ohne einen Mitstreiter, eben allein.

Frei und unverkrampft freute ich mich auf das kommende Wochenende. Es sollte ein toller Abend mit einer lustigen Truppe werden: Gute alte Freunde von mir mit ihrer erwachsenen Tochter samt Lebenspartner, dazu Irina, Georg und ich verabredeten uns zum Tanzen im »Blue«. Das ist eine schicke Diskothek, die seit einiger Zeit am Potsdamer Platz von sich reden macht. Die Tochter, von der die Disco-Idee stammte, meinte, im »Blue« wären eben nicht nur ganz junge Leute als Gäste willkommen. Na, das war doch mal was!

Wir drei Karower fanden uns pünktlich am vorbestellten Tisch ein. Niemand sonst kam. Also schauten wir uns den Laden an: Man betritt das »Blue« im Parterre und muss dann mit einem Lift zu den Rängen hinauffahren. Schaut man von oben hinunter, so ziehen sich die Ränge in einer leicht spiralförmigen Drehung über mehrere Etagen bis zur Tanzfläche hinab. Von überall her kann man den unten Tanzenden zuschauen, ein raffinierter Architekten-Einfall.

Nach einer halben Stunde traf die junge Frau ein, ziemlich bedrückt. Ihr Lebensgefährte war nicht mitgekommen und überhaupt ... Da schien mir gerade eine langjährige Beziehung in die Brüche zu gehen. Erst spät folgten ihre Eltern, beide ebenfalls in denkbar schlechtester Stimmung. Das kannte ich von meinen Freunden überhaupt nicht. Wie sich herausstellte, trugen die beiden den ebenso berühmten wie nervtötenden Ehestreit um ›Nichts‹ und ›Immer‹ aus: Er hatte ein Hemd gesucht, das sie angeblich fortgeräumt hatte. Sie war es müde, ihm immerfort alles nachzutragen. Er fand, dass sie wie immer nicht fertig wurde ...

Selbst in der Diskothek ging das Geplänkel weiter. Wir versuchten alle, den Abend irgendwie zu retten, tanzten, schauten von den Rängen den anderen Tanzenden zu, versuchten uns zu amüsieren. So richtig gelang es nicht. Alle in der Runde bedrückte der unterschwellig fortwirkende Streit des Paares. So brachen wir relativ früh aus dem »Blue« auf.

Verbittert und trotzig gab mir meine Freundin mit auf den Weg: »Gaby, ich verstehe dich nicht, wozu willst du dir einen Mann suchen? Wozu brauchst du den? Dir geht es doch allein hervorragend. Du brauchst niemandem Rechenschaft darüber abzulegen, wie du deine Zeit einteilst. Du kannst fernsehen, wann du willst. Du kannst morgens ausschlafen, solange du willst und niemand ist beleidigt, weil du ihm nicht Frühstück gemacht hast.«

Ich schlief am nächsten Morgen aus.

Inhalt